KB206676

깨달음을 얻은
쭈달라의 이야기

The Story of
Cudala

깨달음을 얻은
쭈달라의 이야기

바시슈따 저

김병채 옮김

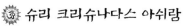 슈리 크리슈나다스 아쉬람

I offer this Korean Edition to

the Lotus Feet of

Bhagavan Sri Ramana Maharashi

&

Papaji

서문

저의 스승님께서 어린 나이 때 도서관에서 보통 수준 이상의 불이 베단따 책들을 빌려 탐독하는 것을 보고 도서관 직원이 걱정했다는 기록이 있다. 그 책들 중에 바시슈따 요가도 있었다. 그래서 나는 이 책에 호감이 갔다.

영성의 책들을 탐독하고 또 귀중한 책이 보이면 우리말로 번역을 하는 것이 지금의 나의 일인 것 같다. 많은 세월이 지난 후 이 이야기가 들어있는 바시슈타 요가라는 책을 다시 펼쳐보니 놀랍다. 두꺼운 책이라 독자들이 접하기에 부담스러울 것 같다. 그래서 진주 같은 내용이 보이면 그것을 새로운 모습으로 만들어보

고자 하는 바람이 생겼다. 그 첫 번째가 쭈달라의 이야기이다. 이 이야기는 라마나 마하리쉬도 간혹 인용한다.

쭈달라는 매우 지성적인 왕비였다. 자신의 이성으로 나를 찾아낸 분이다. 즉 나를 깨달은 분이다. 그녀는 수행을 하기 위해 어딘가로 가지 않았다. 오랜 기간이 흐른 것도 아니었다.

소수의 위대하고 비범한 현자들은 그렇게 하여 깨달음을 얻었다. 쭈달라가 무엇을 해서 깨닫게 되었는지에 대한 자세한 기록이 이 책에 담겨져 있다. 그녀는 아주 현명하다. 그녀의 탐구의 방법은 구도자들에게 많은 빛을 줄 것이다.

깨달음을 얻은 왕비는 그 경험을 남편인 왕과 공유하려고 하였지만 왕은 숲으로 들어가서 수행을 해야 깨달음을 얻을 수 있다는 전통적인 관념을 지닌 영혼이었다. 그래서 왕의 일을 부인에게 맡기고 떠난다는 말도 없이 숲으로 들어가서 수행을 한다. 그것도 무려 18년 동안이나......

많은 이들은 진리를 찾아 익숙한 거처를 뒤에 두고 나선다. 쭈달라는 그것을 못내 애석해한다. 그럴 필요가 없다는 것을 자신의 경험으로 알았으니 말이다.

18년이라는 세월이 흐른 후 변신한 모습으로 나타나 숲속 오두막에 있는 남편을 가르치기 시작한다. 숲속 고행자가 묻고 현자 쭈달라가 대답을 한다. 그러한 내용은 보통의 수행서에서는 찾아보기 힘들다. 혼자 수행을 한다고 궁극에 이르는 것이 아니다. 궁극에 이른 사람과의 질문과 대답은 무지를 빨리 사라지게 한다.

쭈달라는 남편에게 모든 것을 포기하라고 말한다. 그 모든 것은 다름 아니라 마음이라는 것을 깨우치게

한다. 그렇다면 궁을 왜 나왔는가? 마음의 포기는 익숙한 말로는 무심이다. 무심이라는 말을 누가 모르는가? 그 말은 주위에 보이는 돌처럼 흔하다. 그러나 무심하면 곧 자유의 바다에 이른다.

　쭈달라도 그것을 말하고 있다. 그녀는 진리를 말하고 있다.

옛날에 서로에 대한 신성한 사랑 때문에
나중의 시대에 다시
태어난 두 연인이 있었습니다.

제자

오, 현자시여! 한 시대에 남편과 아내로 함께 살았던 부부가 나중의 시대에 다시 남편과 아내로 태어나는 것이 어떻게 가능합니까?

스승

오, 그런 것이 이 세상 질서의 미묘한 성격입니다. 어떤 것들은 많이 나타났다가, 다시 한 번 더 많이 나타나기도 합니다. 또 어떤 것들은 이전에 한 번도 존재한 적이 없지만 지금 태어나고, 또 지금 존재했지만 다시는 태어나지 않기도 합니다.

또 어떤 것들은 전에 존재했던 것과 똑같은 형태로 지금 다시 나타나기도 합니다. 그것은 바다의 파도와 같습니다. 즉 똑같은 것들이 있는가 하면, 상이한 것들도 있는 것입니다.

말바 왕국에 쉬끼드바자라고 하는 왕이 있었습니다. 그는 왕이 갖추어야 할 모든 종류의 훌륭한 특성을 다 갖추고 있었습니다. 그는 정의로웠고 고귀했으며, 용감하고 예의가 발랐습니다. 그는 아주 어려서 아버지를 잃었습니다. 비록 그는 어렸지만 통치자의 신분을 주장할 수 있었고, 유능한 대신들의 도움을 받아 가며 왕국을 다스렸습니다.

봄철이 시작되었습니다. 로맨스의 기운이 퍼지고 있었습니다. 젊은 왕은 배우자를 꿈꾸기 시작했습니다. 밤낮 그의 가슴은 애인을 동경했습니다. 명석하고 현명한 대신들은 왕의 가슴 상태를 간파했습니다.

그들은 사우라스뜨라 왕국으로 가서, 그들의 왕을 대신해 공주에게 구혼했습니다. 얼마 지나지 않아, 쉬끼드바자 왕은 쭈달라와 결혼식을 올렸습니다.

쉬끼드바자와 쭈달라는 서로에게 너무 열렬히 헌신

했으므로 그들은 두 개의 몸 안에 있는 하나의 지바였습니다. 그들은 많은 공통된 관심사를 공유했으며, 쾌락의 정원에서 함께 놀았습니다.

태양이 햇빛을 비추어 연꽃을 피게 하듯이, 왕은 사랑하는 왕비에게 그의 사랑을 듬뿍 쏟아 그녀를 모든 면에서 즐겁게 해 주려고 노력했습니다.

그들이 지식과 지혜를 서로 공유한 결과, 두 사람은 지식의 모든 분야에서 매우 박식하게 되었습니다. 각자가 온통 밝은 빛으로 상대의 가슴속에서 살았습니다. 사실상, 그것은 마치 비슈누 신과 그의 배우자가 특별한 임무를 완수하기 위하여 지상에 내려온 것처럼 보였습니다.

이와 같이 쉬끼드바자와 쭈달라는 한순간의 무미건조함도 없이 여러 해 동안 즐거운 시간을 보냈습니다. 아무도 시간의 흐름을 멎게 할 수 없습니다. 생명은 요술쟁이의 속임수처럼 나타났다가 사라집니다. 쾌락은 그것을 추구하면, 마치 활시위를 떠난 화살과 같이 잡을 수 없는 곳으로 날아갑니다. 슬픔은 마치 독수리가 죽은 시체를 먹이로 하듯이 마음을 잡아먹습니다.

"마음이 두 번 다시 슬픔을 겪지 않는 상태에 도달한 뒤에는 이 세상에 무엇이 있을까?" 이렇게 곰곰이 생각하면서, 왕과 왕비는 그들의 관심을 영적인 경전을 연구하는 쪽으로 돌렸습니다.

그들은 나 지식만이 슬픔을 극복시켜 줄 수 있다는 결론에 이르렀습니다. 그들은 마음과 영혼을 다해 나 지식에 몸을 바쳤습니다. 그들은 나 지식을 가진 현자들과 같이 지내며, 그들을 흠모했습니다. 그들은 끊임없이 나 지식을 토론했고, 서로서로 나 지식을 증진시켜 주었습니다.

이와 같이 끊임없이 나 지식의 방법을 숙고한 뒤에,

왕비는 다음과 같이 생각하기 시작했습니다.

"이제 나는 나 자신을 보며, '내가 누구지?'라고 물어본다. 그러면 나에 대한 무지와 망상이 일어날 수가 없구나.

물질적인 몸은 스스로 움직이지 못하는 것이 확실하고, 또 그 몸이 나가 아닌 것이 틀림없다. 그 몸은 오직 마음속의 생각이 움직이기 때문에 경험되는구나. 행위의 기관들도 단지 몸의 일부분에 불과하다. 그러므로 그 기관들은 스스로 움직이지 못하는 몸의 일부분이기 때문에 역시 스스로 움직이지 못한다.

감각의 기관들도 역시 스스로 움직이지 못한다. 왜냐하면 그것들이 작용하기 위해서는 마음에 의존해야 하기 때문이다.

심지어 마음도 스스로 움직이지 못한다. 마음은 생

각을 하고 개념을 품지만, 그것도 결정의 동인인 지성 (붓디)에 의해 그렇게 하도록 이끌린 것이다.

심지어 이 지성도 스스로 움직이지 못하는 것이 확실하다. 왜냐하면 그것은 자아의 지시를 받기 때문이다.

이 자아도 스스로 움직이지 못한다. 왜냐하면 그것은 마치 유령이 무지한 아이의 마음에 떠오르는 것과 꼭 같이, 지바에 의해 나타나기 때문이다.

지바는 단지 순수한 의식이 말하자면 생명력의 옷을 입고 있는 것에 불과하다. 그것은 가슴속에 거주한다.

자, 보라! 나는 지바로서 거주하는 것이 순수한 의식인 나라는 것을 깨달았다. 왜냐하면 의식은 그 자체를 그 자체의 대상으로서 자각하기 때문이다.

이 대상은 지각력이 없고 비실재적이다. 그리고 나가 그 자체를 이 대상과 동일시하기 때문에, 그것은 의식으로서의 그 성품을 버리고 무지각이란 옷을 입고 있는 것처럼 보인다(그러나 실제로는 그렇지 않다).

왜냐하면 그러한 것이 의식의 성품이기 때문이다. 즉 의식은 그것이 생각하는 어떤 것이 실제적이든 가상적이든 간에, 그 자체가 어떤 것이라고 생각하면 그것은 이미 그 자체의 성품을 버렸기 때문에 그 생각하는 대로 된다.

비록 나는 순수한 의식이지만, 그것은 대상들을 자각하고 있기 때문에 그것 자신을 지각력이 없고 비실재적이라고 상상한다."

이와 같이 상당히 오랫동안 깊은 생각을 한 뒤에, 쭈달라는 깨달음을 얻게 되었습니다. 이렇게 나를 발견하고 기쁜 나머지, 왕비는 다음과 같이 소리쳐 말했습니다.

 "마침내 나는 마땅히 얻어야(알아야) 할 것을 얻었
다. 이제 어떤 손실도 없다. 마음과 감각들은 의식과
관계가 없는 비실재적인 것이다. 그것들은 단지 의식
의 그림자에 불과하다.

 이 지고의 의식만이 존재하고 있다. 그것은 어떠한
불순물에도 물들지 않으며 영원히 완전한 균형의 상태
에 있으며, 자아가 전혀 없다. 이것이 지고의 진리이
다. 일단 이 진리를 깨닫게 되면, 그것은 영원히 지지
않는 태양처럼 빛난다.

 브람만이나 지고의 나 등의 다양한 이름들로 알려
져 있는 것은 바로 이 의식이다. 거기에는 주체와 객체
의 구별도 없고, 그들의 관계(지식)도 없다. 의식은 그
것 자신의 의식을 의식하고 있다.

그래서 그것은 의식의 대상으로서 깨달아질 수 없다. 마음과 지성과 감각들로서 나타나는 것은 바로 이 의식이다.

이 현상계도 단지 의식에 불과하다. 그 의식과 별도로 그 어떤 것도 존재하지 않는다.

의식은 어떤 변화도 겪지 않는다. 따라서 변화는 가공의 현상이다. 현상은 환영이다. 그러므로 실재이지 않다.

가상의 바다에서 가상의 파도들이 일어난다. 마음이란 물질 그 자체는 사실 바다이다. 파도들 또한 바다이다.

그와 꼭 같이 현상계는 의식 속에서 일어난다. 그러므로 현상계는 의식과 전혀 다르지 않다.

나는 자아가 전혀 없으며 만물에 충만해 있는 순수한 의식이다. 이 의식 속에는 탄생도 없고, 죽음도 없다. 그것은 소멸되지도 않는다.

왜냐하면 그것은 공간과 같기 때문이다. 그것은 칼로 자를 수도 없고, 불에 태울 수도 없다.

그것은 결함이 전혀 없는 의식의 순수한 빛이다.

나는 모든 망상에서 벗어났다. 나는 평화롭다. 이 모든 신들과 악마들과 수많은 존재들은 본질적으로 만들어지지 않았다.

왜냐하면 그들은 의식과 전혀 다르지 않기 때문이다. 마치 점토로 만들어진 병정들이 병정이 아니고 점토이듯이, 현상은 환영이다.

보는 자(주체)와 보이는 대상(객체)은 실제로 하나의

순수한 의식이다. '이것은 일원성이다.', '이원성이 있다.'와 같은 개념들을 불러일으키는 이러한 망상은 어떻게 생겨났는가? 그 망상이 누구에게 존재하는가? 그 망상은 누구의 것인가?

나는 존재하는 모든 것(지각력이 있든 없든)이 순수한 의식이라는 것을 깨달았으므로, 최소한의 심적인 동요가 없는 니르바나(해방이나 깨달음)에 조용히 머물고 있다.

'이것'도 없고, '나'도 없고, '다른 것'도 없다. 존재도 없고 존재 아님도 없다. 이 모든 것이 평화다."

이와 같이 깨달았으므로, 쭈달라는 지고의 평화에 안주하고 있었습니다.

하루하루 왕비는 점점 더 자신의 내부로 들어가, 나의 희열을 더욱더 많이 향유했습니다. 그녀는 갈망과 애착에서 완전히 벗어났습니다.

어떤 것도 버리지 않고, 또한 어떤 것도 추구하지 않고, 그녀는 그녀의 거동에서 자연스러웠으며, 또한 그녀의 활동에서도 꾸밈이 없었습니다.

그녀의 모든 의심이 사라졌습니다. 그녀는 이미 변화의 바다를 건너 버렸습니다. 그녀는 비할 데 없는 평화로운 상태에 조용히 머물러 있었습니다.

이렇게 매우 짧은 시간 안에 그녀는 이 현상계가 생겨난 방식으로 또한 사라질 것이라는 깨달음에 도달했습니다. 그녀는 나 지식의 빛 속에서 밝게 빛났습니다.

이와 같이 평화롭고도 환하게 밝은 아내를 보고, 쉬끼드바자는 그녀에게 다음과 같이 물었습니다.

"여보, 당신은 다시 젊음을 되찾은 것 같습니다. 당신은 특별히 밝은 빛으로 빛나고 있습니다. 당신은 어떤 것에도 전혀 마음이 흔들리지 않고, 갈망도 전혀 없습니다.

하지만 당신은 희열로 가득 차 있습니다. 그것은 당신이 신의 넥타를 마셨기 때문인지 나에게 말해 주십시오. 당신이 지극히 얻기 어려운 어떤 것을 얻은 것이 확실하지 않습니까?"

쭈달라

나는 어떤 종류의 형태를 가장하고 있었던 이 텅 빔을 버렸습니다. 나는 현상에 뿌리를 내리고 있는 것이 아니라, 진리에 뿌리를 내리고 있습니다. 그러므로 나는 빛이 납니다.

나는 이 모든 것을 버렸습니다. 이 외의 다른 어떤

것 즉 실재하면서도 실재하지 않는 어떤 것에 있습니다. 그러므로 나는 빛이 납니다.

그것은 어떤 것이기도 하고, 또한 어떤 것이 아닌 것이기도 합니다. 사실 나는 있는 그대로의 그것을_{that as it is} 알고 있습니다. 그러므로 나는 빛이 납니다.

나는 마치 쾌락을 향유하는 것처럼 쾌락을 향유하지 않음도 즐기고 있습니다. 나는 기쁨에도 굴하지 않고, 노여움에도 굴하지 않습니다. 그러므로 나는 빛이 납니다.

나는 나의 가슴속에서 빛나는 실재 속에 자리를 잡고 있는 데서 최고의 기쁨을 경험합니다. 나는 왕실의 쾌락 때문에 마음이 흔들리지도 않습니다. 그러므로 나는 빛이 납니다.

내가 쾌락의 정원에 있을 때도, 나는 쾌락의 향유나

수치심 등이 아닌, 나 속에 흔들림 없이 자리를 잡고 있습니다. 그러므로 나는 빛이 납니다.

나는 우주의 통치자입니다. 나는 유한한 존재가 아닙니다. 나는 나 안을 즐깁니다. 그러므로 나는 빛이 납니다.

이것이 나입니다. 진실로 나는 존재하며, 또한 존재하지 않습니다. 나는 전부입니다. 또한 나는 무(無)입니다. 그러므로 나는 빛이 납니다.

나는 쾌락도, 부도, 빈곤도, 또한 어떤 다른 형태의 존재도 추구하지 않습니다. 나는 애쓰지 않고 얻어지는 것이면, 그 무엇에도 행복합니다. 그러므로 나는 빛이 납니다.

나는 경전을 통해 얻은 통찰력을 가지고, 약해진 애착과 혐오를 가지고 놉니다. 그러므로 나는 빛이 납니다.

내가 이 두 눈으로 무엇을 보든지 간에, 이 감각으로 무엇을 경험하든지 간에, 그리고 나의 마음을 통해 무엇을 바라보든지 간에, 나는 오로지 나 자신의 내부에서 나에 의해 명확히 보여지는 하나의 진리만을 봅니다.

왕비의 말을 이해할 수 없었기 때문에, 쉬끼드바자는 비웃으면서 다음과 같이 말했습니다.

"여보! 당신은 유치하고 무지합니다. 쓸데없는 말을 지껄이고 있는 것이 틀림없습니다. 아무것도 없는 무를 대가로 중요한 것을 버렸는데도, 다시 말해 참된 실체를 버리고 무의 상태를 얻었는데도, 어떻게 당신은 환하게 빛납니까?

화난 남자가 침실을 거부하듯이, 만약 사람이 '나는

향유될 수 없는 기쁨을 즐긴다.'라고 자랑하면서 쾌락을 포기한다면, 그것이 즐거움에 무슨 도움이 되겠습니까!

사람이 모든 것(쾌락 등)을 버리고, 아무것도 없는 텅 빔을 즐긴다고 생각하면, 그것은 전혀 의미가 통하지 않습니다. 또한 사람이 옷과 음식과 침대 등을 버린 뒤에 행복하다고 생각하면, 그것도 전혀 의미가 통하지 않습니다.

'나는 몸이 아니다.', '또한 나는 그 이외의 어떤 것도 아니다.', '어떤 것도 전부가 아니다.' 등과 같은 이런 말들은 순전히 쓸데없는 말이 아니고 무엇이겠습니까?

'나는 내가 보는 것을 보지 않고.', '나는 그 밖의 다른 것을 본다.'라는 말들도 쓸데없는 말에 지나지 않습니다.

조금도 신경 쓰지 마시고, 당신에게 주어지는 쾌락을 향유하십시오. 나는 계속 당신과 즐길 것입니다. 당신도 마음껏 즐기십시오."

　왕은 이렇게 말한 뒤에, 안방에서 밖으로 나갔습니다. 쭈달라는 '왕께서 이해하지 못하시니 애석한 일이로구나.'라고 생각하며, 계속 그녀의 일을 열심히 했습니다. 이렇게 그들은 상당한 시간 동안 계속 살았습니다.

　비록 쭈달라에게는 욕망이 없었지만, 우주 속을 돌아다니고 싶은 소망이 그녀의 마음속에서 일어났습니다. 이러한 힘을 얻기 위하여 그녀는 아무도 없는 곳을 찾아, 거기서 위로 올라가는 경향성을 가진 생명의 공기를 단련시켰습니다.

　오, 그대여! 이 세상에는 세 가지 유형의 도달할 수 있는 목표가 있습니다. 즉, 바람직한 목표와 혐오스러운 목표, 그리고 무시해도 좋은 목표입니다.

바람직한 것은 큰 노력을 기울여 찾아야 하고, 혐오스러운 것은 포기해야 하며, 이들 둘 사이에 있는 것은 사람이 무관심을 보이는 것입니다.

보통, 사람은 행복을 증진시키는 것을 바람직한 것으로 간주하고, 그 반대를 바람직하지 않은 것으로 여기며, 행복이나 불행 그 어느 것도 가져다주지 않는 것들에 대해서는 무관심합니다.

그러나 깨달음을 얻은 사람들에게는 이들 범주가 존재하지 않습니다. 왜냐하면 그들은 모든 것을 하나의 단순한 놀이로 간주하고, 그러므로 그들은 보이는 것이든 보이지 않는 것이든 모든 것에 대해 완전히 무관심하기 때문입니다.

이제 나는 그대에게 나 지식을 갖춘 현자가 무관심

을 보이고, 현혹된 자가 바람직하다고 생각하며, 그리고 나 지식의 계발에 열중하고 있는 사람이 몹시 회피하고 싶어 하는 그런 목표(싯디, 즉 영적인 힘)를 달성하는 방법을 기술하겠습니다.

모든 목적의 달성은 시간과 장소와 활동과 수단이라는 네 가지 요소에 달려 있습니다. 이들 가운데서도 활동이나 노력이 열쇠를 쥐고 있습니다.

왜냐하면 목적 달성을 향한 모든 시도가 활동이나 노력에 기초를 두고 있는 것이 틀림없기 때문입니다.

어떤 잘못된 수행들도 또한 널리 유행하고 있습니다, 그것들이 목적 달성을 가능하게 만든다고도 합니다. 그러한 수행이 특히 미숙한 수행자들의 수중에 들어가면, 그 수행은 큰 해를 입히는 원인이 됩니다.

이 범주에 속하는 것으로는 보석이나 약물의 사용,

고행과 마법에서 쓰는 주문의 사용은 물론이고, 마법의 알약이나 고약 혹은 요술 지팡이 등이 있습니다.

슈리샤일라 혹은 메루와 같은 신성한 장소에 단순히 거주하는 것만으로도 사람은 영적으로 완벽한 경지에 도달할 수 있다는 믿음이 있지만, 이것 또한 잘못됐습니다.

그러므로 이 이야기 문맥 속에서, 나는 쁘라나야마 즉 생명력을 단련시키는 기법과 그것이 가져다주는 목적 달성에 대해 기술하겠습니다. 부디 경청해 주십시오.

준비 단계에서, 사람은 자신이 성취하고 싶어 하는 것과 관련이 없는 모든 습관과 경향성들을 버려야 합니다.

사람은 신체의 모든 구멍을 폐쇄하는 법과 또한 여

러 가지 상이한 자세의 숙련을 배워야 합니다.

음식은 순수해야 합니다.

성스러운 경전의 의미를 깊이 생각해야 합니다.

올바른 행동과 성자들과의 교제는 필수적입니다.

모든 것을 포기했으므로, 사람은 편안하게 앉아야
합니다.

그다음 분노나 탐욕 등이 마음 속에서 일어나지 않
게 하면서 얼마 동안 쁘라나야마를 수련하면, 그는 생
명력을 완전히 통제할 수 있게 됩니다.

지구의 통치에서부터 완전한 해방에 이르기까지 모
든 것이 생명력의 움직임에 달려 있습니다. 그러므로
그러한 모든 목적의 달성은 쁘라나야마의 수련을 통해

가능합니다.

신체의 깊은 내부에는 안뜨라베스띠까라고 하는 나디가 있습니다. 그것은 생명의 주요 급소에 있으며, 다른 100개의 나디의 근원이 되고 있습니다.

그것은 신들, 악마들, 인간들, 동물들, 새들, 벌레들, 물고기들 등 모든 존재에게 존재합니다.

그것은 그 근원이 코일처럼 감겨 있습니다. 그것은 허리에서부터 머리의 정수리까지 신체의 모든 통로와 접촉하고 있습니다.

이 나디 안에 지고의 힘이 내재해 있습니다. 그것은 꾼달리니라고도 합니다. 왜냐하면 그것은 모양이 코일처럼 감겨 있기 때문입니다.

그것은 모든 존재 속에 있는 지고의 힘이며, 모든

힘의 원동력입니다.

가슴 속에 있는 쁘라나 즉 생명력이 꾼달리니의 거처에 도달하면, 그 사람의 내부에서 자연의 원소들에 대한 자각이 일어납니다.

자신의 내부에서 자각이 있다는 것은 바로 그 꾼달리니가 펴지면서 움직이기 시작할 때입니다.

그 밖의 다른 모든 나디들은 방사선 형태로 퍼지는 에너지 흐름, 말하자면 그 꾼달리니와 연결되어 있습니다.

그러므로 꾼달리니는 의식과 이해, 혹은 지식의 씨앗 그 자체입니다.

무한한 의식은 영원히 분할할 수 없는 것이 아닙니까? 그렇다면, 이 꾼달리니는 어떻게 일어나고 나타나게 되어, 결국 이 의식을 드러냅니까?

스승

실제로, 무한한 의식만이 언제 어디서나 존재하고 있습니다. 그러나 그것은 여기저기에서 원소들로서 나타나고 있습니다. 태양은 모든 것에 빛을 비추지만, 그 빛이 거울에 닿으면 그것은 특별하게 반사됩니다.

마찬가지로, 똑같은 무한한 의식도 어떤 것에서는 '눈에 띄지 않는' 것처럼 보이고, 어떤 것에서는 분명히 나타나게 되며, 또 다른 어떤 것들에서는 그 화려함이 절정에 있는 것처럼 보입니다.

마치 공간이 어디에서나 텅 빈 공간인 것처럼, 의식도 그것이 어떻게 나타날지라도 의식이지 그 밖의 다른 어떤 것이 절대 아닙니다.

그것은 어떤 변화도 겪지 않습니다. 이 의식 그 자체는 다섯 개의 근본 원소들입니다.

그대는 마치 하나의 등불을 가지고 백 개의 등불을 보는 것과 꼭 같이, 마치 그대가 그대 자신 안에서 다른 사람을 보고 있는 것처럼, 그대는 그대의 의식으로 다섯 개의 근본 원소들인 같은 의식을 바라봅니다.

약간의 생각의 움직임만 있어도 그것 때문에 의식이라는 꼭 같은 실재가 다섯 개의 원소들이 되고, 그 때문에 몸이 되는 것처럼 보입니다.

마찬가지로 똑같은 의식이 벌레들과 기타 생물들, 금속들과 광물들, 땅과 그 위에 있는 것, 그리고 물과 기타 원소들이 됩니다.

따라서 온 세상은 단지 다섯 개의 원소들로 나타나는 의식 속에서 일어나는 에너지의 움직임에 불과합니다.

마치 물이 찬바람에 노출되면 굳어지고 고체가 되는 것과 꼭 같이, 이 에너지도 어디에서는 지각력이 있고 또 다른 어디에서는 지각력이 없는 것처럼 보입니다.

자연은 이와 같이 형성되고, 모든 사물은 자연에 순응합니다.

그러나 이 모든 것은 말의 유희 즉 말의 멋진 표현에 지나지 않습니다. 그것이 아니고서는 더위와 추위, 얼음과 불은 도대체 무엇이겠습니까?

또, 이러한 구분이 일어나는 원인은 조건화와 사고의 틀 때문입니다.

그러므로 현명한 사람은 그러한 조건화의 성격이 숨어 있든, 겉으로 드러나 있든, 선하든 악하든 간에, 그 성격을 탐구합니다.

이러한 것이 실속 있는 탐구입니다. 허울 좋은 토론은 공간과 싸우는 것만큼이나 무익합니다.

잠재적인 조건화는 지각력이 없는 존재들을 낳고, 겉으로 드러난 조건화는 신들이나 인간 등을 낳습니다.

어떤 것에는 무지의 원인이 되는 강한 조건화가 있고, 또 어떤 것에는 해방의 원인이 되는 약한 조건화가 있습니다.

오직 그 조건화만이 창조물들의 다양성이 존재하게 된 원인입니다.

창조라고 하는 이 우주적 나무로 말하자면, 최초의 생각의 형태는, 나무의 다양한 부분들에는 다양한 천체들이 있고, 그 나무의 열매로는 과거와 현재와 미래가 있는 씨앗입니다.

나무를 만드는 다섯 개의 원소들은 저절로 일어났다가 저절로 사라집니다. 그것들은 저절로 다양해졌다가, 오래지 않아 하나로 되어 고요해집니다.

꾼달리니는 다섯 원소로 구성된 몸 안에서 생명력의 형태로 기능을 합니다. 조건화 혹은 한계, 마음, 지바, 생각의 움직임, 지성(또는 결정 하는 능력) 그리고 자아라고 다양하게 알려져 있는 것은 바로 똑같은 꾼달리니입니다.

왜냐하면 그것이 몸 안에 있는 지고의 생명력이기 때문입니다.

아빠나로서 그것은 항상 아래로 흐르고, 사마나로서 그것은 태양신경총 안에 있으며, 그리고 우다나로서 똑같은 생명력이 위로 올라갑니다. 이러한 힘들 때문에 인체 내의 균형이 있습니다.

그러나 만약 아래로 당기는 힘이 과다하고 그 내려가는 힘이 적절한 노력으로 정지되지 않으면, 죽음이 잇따릅니다.

마찬가지로, 위로 당기는 힘이 과다하고 그것이 적절한 노력으로 정지되지 않으면, 역시 죽음이 잇따릅니다.

만약 생명력의 움직임이 올라가지도 않고 내려가지도 않는 식으로 다스려진다면, 끊임없는 균형 상태가 있고 모든 질병이 극복됩니다.

이와 달리 만약 보통의 부차적인 나디들의 기능 장애가 있으면, 사람은 사소한 병에 걸리기 쉽습니다. 그리고 만약 중요한 나디들에 기능 장애가 있으면, 중병이 생기게 됩니다.

제자

비야디(질병)들은 무엇이고, 아디(정신 질환)들은 무엇이며, 신체의 퇴화 조건은 무엇입니까? 부디 이 점에 대해 깨우침을 주십시오.

스승

아디와 비야디는 슬픔의 원천입니다. 그것들을 피하는 것이 행복입니다. 그리고 그것들이 사라지는 것이 해방입니다. 때때로 그것들은 동시에 일어나기도 하고, 때로는 서로 서로를 일으키기도 하며, 또 때로는 서로 서로를 따르기도 합니다. 신체적 질병을 비야디라 합니다.

심리적인 조건화로 야기되는 정신적 혼란(신경증)을 아디라 합니다. 이 둘의 근본적 원인은 모두 무지와 사악함에 있습니다. 나 지식이나 진리에 대한 지식이 얻어지면 그것들은 사라집니다.

사람이 무지하면 자기 통제력의 부재가 생기고, 그래서 그는 좋아하는 것과 싫어하는 것으로부터 그리고 '나는 이것을 얻었으나, 저것도 얻어야겠다.'와 같은 생각들로부터 끊임없이 공격을 받습니다.

이 모든 것이 망상을 강화시켜 줍니다. 그리고 이 모든 것이 정신적 혼란의 원인이 됩니다.

신체적 질환들의 원인은 무지와 또 거기에 따르는

부적절한 식사 및 생활 습관을 초래하는 정신적 억제력의 완전한 부재입니다.

기타의 원인들로는 때를 잘 지키지 않는 불규칙한 활동이나 불건전한 습관, 나쁜 친구, 사악한 생각 등이 있습니다.

신체적 질환은 또한 나디가 약화되든지, 아니면 나디가 혼란해지고 막힘으로써 생명력의 자유로운 흐름이 방해받을 때 일어나기도 합니다.

마지막으로 신체적 질환의 원인은 비위생적인 환경입니다. 물론 이 모든 것은 궁극적으로 가까운 과거나 아니면 먼 과거에 행해진 과거의 까르마에 의해 결정됩니다.

이 모든 정신적 혼란과 신체적 질환은 다섯 가지의 원소들에서부터 일어납니다. 나는 이제 그것들이 어떻게 없어지게 되는지를 말해 주겠습니다.

신체적 질환은 일상적인 질환과 심각한 질환, 이 두 가지입니다. 전자는 일상적인 원인에 의해 일어나고, 후자는 선천적인 질병입니다. 전자는 일상적인 치료 수단에 의해서와, 올바른 심적 태도를 채택함으로써 치료됩니다.

그러나 정신적 혼란 같은 후자의 (심각한) 질환은 나 지식을 얻을 때까지는 사라지지 않습니다. 이는 밧줄을 뱀으로 잘못 볼 때, 그 뱀이 사라지는 것은 오직 밧줄이 다시 밧줄로 보일 때만 가능한 것과 같습니다.

나 지식은 모든 신체적, 정신적 혼란들을 종식시킵니다. 그러나 정신 작용의 영향을 받지 않는 신체적 질환은 약물 치료나 기도 및 목욕과 같은 바른 행동에 의해 치료될 수도 있습니다. 이 모든 것이 지금까지 의학 저서에서 기술되었던 것입니다.

제자

신체적 질환이 어떻게 정신적 혼란에서 일어나며, 또 그것이 의학적인 치료 수단 이외의 다른 수단들에 의해 어떻게 치료될 수 있는지를 부디 말씀해 주십시오.

스승

정신적 혼란이 있을 때, 사람은 자신의 길을 명확히 자각하지 못합니다. 자기 앞의 길을 볼 수 없기 때문에, 그는 틀린 길을 선택합니다. 여러 생명력은 이 혼란에 동요되어 아무렇게나 나디를 따라 흘러갑니다. 그 결과 어떤 나디는 에너지가 고갈되고, 또 어떤 나디는 막히게 됩니다.

그때 소화 계통의 기능 장애, 신진대사의 혼란, 소화 불량, 지나친 식욕 같은 것들이 일어납니다. 먹은

45

음식은 독소로 변합니다. 체내에서 음식물의 자연스러운 이동이 정지됩니다. 이것이 다양한 신체적 질환의 원인입니다.

따라서 정신적 혼란은 신체적 질환의 원인이 됩니다. 마치 미로발란 과일이 소화기관을 움직이게 할 수 있는 것과 꼭 같이, '야, 라, 라, 바'와 같은 어떤 만뜨라들은 정신적 혼란에서 일어난 신체적 질병을 치료할 수 있습니다.

기타 치료 수단으로는 순수하고 상서로운 활동이나 성인들에 대한 봉사 등이 있습니다.

이들에 의하여 마음은 순수해지며, 가슴속에는 큰 기쁨이 솟아납니다. 여러 생명력은 마땅히 나디를 따라 자연스럽게 흘러가야 합니다. 그러면 소화도 정상이 되고 질병도 멎게 됩니다.

뿌라까 즉 숨 들이마시기의 수행에 의하여, 만약 척추의 기저에 있는 꾼달리니가 '채워'지고 균형 상태에 이르게 되면, 몸은 견고한 채로 있습니다.

호흡의 보유를 통해 모든 나디들이 따뜻해지면, 꾼달리니는 막대기처럼 일어나고 그 에너지는 신체의 모든 나디에 가득 차게 됩니다.

이 때문에 나디는 정화되고 가벼워집니다. 그러면 요기들은 공간 속을 여행할 수 있습니다.

브람마나디를 통해 꾼달리니가 일어나서, 레차까 즉 숨을 내쉬는 동안에 드바다샨따(머리 정수리로부터 손가락 12개의 폭만 큼 떨어진 곳)라고 하는 지점에 도달할 때,

만약 그 꾼달리니를 거기에서 한 시간 동안 붙잡아 둘 수 있다면, 요기는 신들을 볼 수 있고 또 공간 속을

여행하는 완전한 경지에 도달한 존재들도 볼 수 있습니다.

인간이 두 눈으로 천인들을 보는 것이 가능합니까?

실제로 어떤 인간도 인간의 두 눈으로는 천인들을 볼 수 없습니다. 그러나 순수한 지성의 눈을 통하여 사람은 꿈속에서처럼 천인들을 볼 수 있습니다.

천인들은 사람의 욕망을 충족시킬 수 있습니다. 천인에 대한 비전은 꿈과 전혀 다르지 않습니다. 사실상 그 둘 사이에 유일한 차이가 있다면 그것은 그 비전의 효과가 지속적이라는 것입니다.

또 만약 사람이 숨을 내쉰 뒤에 상당한 시간 동안 생명력을 드바다샨따(몸에서 손가락 12개 폭만큼 떨어진 곳)에 붙들어 둘 수 있다면, 그 생명력은 다른 몸 속으로 들어갈 수 있습니다.

이 힘은 본래 생명력 속에 갖추어져 있습니다. 그래서 비록 본래 불안정하지만, 그것은 안정될 수 있습니다.

모든 것을 덮고 있는 무지가 실재하지 않기 때문에, 그러한 예외는 이 세상에서 흔히 에너지의 움직임에서 볼 수 있습니다.

확실히 이 모든 것은 정말로 브람만입니다. 다양성과 다양한 작용은 단지 말의 멋진 표현에 불과합니다.

제자

사람의 몸이 미세한 공간(나디) 속으로 들어간 다음에 그 내면의 공간을 생명력으로 채우려면, 그것은 원자이면서 동시에 고체가 되어야만 합니다. 어떻게 이것이 가능합니까?

스승

목재와 톱이 맞닿으면, 목재는 쪼개집니다. 그러나 두 개의 나무 조각이 맞닿으면, 불이 일어나지 않습니까! 이 모든 것이 자연의 역할입니다.

이 신체 속에는 두 개의 힘이 복부에서 만납니다. 그것들은 함께 하나의 속이 빈 막대기를 만듭니다.[1]

그 안에 꾼달리니가 있습니다. 이 꾼달리니는 천국

---

[1] 이 단락에 나오는 '그것'은 위장의 불, 생명력, 또는 심지어 꾼달리니를 가리킬 수도 있다. 스승은 이러한 구분을 아주 열심히 설명하지도 않고, 또 그런 구분을 계속하지 않는 것이 확실하다.

과 지구의 중간에 있고, 생명력으로 항상 진동하고 있
습니다.

그것이 가슴속에 거주할 때, 그것은 모든 것을 경험
합니다. 그것은 모든 사이킥 센터들을 끊임없이 진동
하거나 움직이게 합니다. 그것은 모든 것을 소화시키
거나 먹어 삼킵니다.

그것은 쁘라나의 움직임에 의해 사이킥 센터들을
떨게 합니다. 그것은 모든 정수가 고갈될 때까지 몸 안
의 불을 계속 지핍니다.

본래 그것은 차갑지만, 그러나 그것 때문에 몸이 따
뜻해집니다. 비록 그것은 요기가 명상하는 곳인 가슴
속에 있지만, 몸 전체에 퍼져 나가고 있습니다.

그것은 갸나(지식)의 속성을 띠고 있고, 그것의 빛을
받으면 먼 대상도 가까이 있는 것처럼 보입니다. 차가

운 것은 무엇이든지 달, 자아입니다.

이 달로부터 불이 일어납니다. 몸은 이 달과 이 불로 이루어져 있습니다. 사실상 온 세상이 차가운 달과 따뜻한 불이라는 이 두 개로 이루어져 있습니다.

혹은 그대는 이 세상이 지식과 무지의 세상, 실재와 비실재의 창조물이라고 생각해도 좋습니다. 그 어느 경우 의식, 빛 그리고 지식은 태양이나 불로 간주됩니다. 그리고 스스로 움직이지 못함과 어둠과 무지는 달로서 간주됩니다.

불과 달은 몸 안에서 서로 인과 관계로 존재합니다. 어떤 점에서, 그것들의 관계는 하나가 다른 하나를 탄생시키기 때문에 씨앗과 나무의 관계와 같습니다.

또 어떤 점에서, 그것들의 관계는 하나가 다른 하나를 소멸시키는 빛과 어둠의 관계와 같습니다.

욕망의 동기부여가 전혀 없으므로 그러한 인과 관계와 그러한 활동은 비논리적이라고 말하면서, 이 모든 것에 의문을 지닌 사람은 재빨리 지나쳐야 한다. 왜냐하면 그러한 활동은 명백하고, 모든 것의 경험이기 때문이다.

(불) 쁘라나는 차가운 달의 입으로 시원한 감로를 마시고, 몸 안의 전 공간을 채웁니다. (감로가 입안 구개로부터 흘러나오고, 태양 신경총에서 위장의 불이 그것을 죄다 먹어 치운다는 것이 요기의 이론이다.

따라서 차가운 달은 타고 있는 불의 원인이다. 그래서 요기는 이러한 감로의 손실을 막기 위하여 비빠리 따까라니 수행법을 사용하고 있다. S.V.) 마치 날이 저물어 밤이 시작 되는 것과 꼭 같이, 불은 사그라지고 달이 됩니다.

불과 달이 만나는 지점에, 빛과 어둠이 만나는 지점

에, 그리고 밤과 낮이 만나는 지점에, 심지어 현명한 사람들의 이해력으로도 알 수 없는 진리의 계시가 있습니다.

하루가 낮과 밤으로 되어 있는 것과 같이, 지바도 의식과 둔함의 특징을 가지고 있습니다. 불과 태양은 의식을 상징하고, 달은 어둠이나 둔함을 상징합니다.

태양이 하늘에 떠 있을 때 어둠이 지상에서 사라지는 것과 꼭 같이, 의식의 빛이 떠 있을 때 무지의 어둠과 생성의 주기는 사라집니다.

그리고 만약 달(무지나 둔함의 어둠)이 달 본래의 모습으로 보여진다면, 의식은 유일한 진리로서 깨달아집니다.

스스로 움직이지 못하는 몸을 보여 주는 것은 바로 의식의 빛입니다.

의식은 움직이지도 않고 비이원적이기 때문에 이해되지 않습니다. 그러나 그것은 그 자체의 반사물인 몸을 통하여 이해될 수 있습니다.

의식이 그 스스로를 자각하게 될 때, 그것은 세상을 자기편으로 만듭니다. 이러한 객관화를 버릴 때, 해방이 있습니다.

쁘라나는 열(불)이고, 아빠나는 차가운 달입니다. 그래서 이 둘은 같은 몸 안에서 빛과 그림자처럼 존재합니다.

앞서 설명한 의식의 빛과 달이 다 함께 합쳐져서 경험이 생겨납니다. 태양과 달이라고 하는 현상은 이 세상이 창조되던 때부터 존재했지만, 지금도 또한 몸 안에 존재하고 있습니다.

오, 제자여! 태양이 그 자체 속으로 달을 흡수한 상

태로 계십시오. 달이 가슴속에서 태양과 하나가 된 상태로 계십시오.

달이 태양의 그림자에 불과하다는 깨달음이 있는 상태로 계십시오. 그대 자신 안에서 태양과 달이 결합해 있다는 것을 아십시오. 외부의 현상은 전혀 소용이 없습니다.

이제 나는 그대에게 요기들이 어떻게 그들의 몸을 크게는 물론, 원자처럼 작게 만들었는지를 설명해 주겠습니다.

불꽃 하나가 바로 가슴 연꽃 위에서 타고 있습니다. 이 불은 재빨리 증대하지만, 그것이 의식의 성품을 띠고 있으므로 지식의 빛으로서 일어납니다. 이렇게 그것이 한 순간에 커지면, 그것은 몸 전체를 용해시킬 수 있습니다.

심지어 몸 안에 있는 물의 원소마저 그 열로 증발되고 맙니다. 그 다음 그것은 두 개의 몸(신체적 몸과 미세한 몸)을 버렸으므로, 그것이 원하는 곳으로 갈 수 있습니다.

말하자면 꾼달리니의 힘이 불에서 연기처럼 피어올라, 공간 속으로 흡수된 것입니다.

만약 이 꾼달리니가 마음, 붓디 그리고 자아를 꽉 붙들면, 그것은 먼지의 입자처럼 밝게 빛납니다.

그러면 이 불꽃이나 이 입자는 어떤 것에도 들어갈 수 있습니다. 그 다음 이 꾼달리니는 이전에 그 자체 속으로 흡수되었던 물과 흙의 원소들을 내놓고 그리고 몸은 그 원래의 형태를 회복합니다.

이와 같이, 지바는 원자처럼 작게 될 수도 있고, 산처럼 거대하게 될 수도 있습니다.

나는 이와 같이 그대에게 지금까지 요가의 방법을 설명했고, 이제 지혜의 접근 방법을 다루겠습니다.

오직 하나의 의식만이 있는데, 그것은 순수하고, 보이지 않으며, 미세한 것 중에서도 가장 미세하고, 평온합니다.

그리고 그것은 세상도 아니고 또한 세상의 활동도 아닙니다. 그것은 그 자체를 알고 있습니다. 그러므로 이 지바라는 것이 생깁니다.

이 지바는 실재하지 않는 이 몸을 실재하는 것으로 자각하고 있습니다. 그러나 지바가 나 지식의 빛으로 그것을 자각할 때, 이 망상은 사라집니다.

그리고 몸도 또한 완전히 평온해집니다. 그러면 지바는 몸을 자각하지 못합니다. 몸과 나를 혼동하는 것은 태양의 빛으로도 사라지게 할 수 없는 최대의 망상입니다.

몸이 실재하는 것으로 간주되면, 그것은 실재하는 몸이 됩니다. 지식을 가지고 그것이 실재하지 않는 것이라고 자각하면, 그것은 공간 속으로 흡수되고 맙니다.

몸에 대해서 확고하게 가지고 있는 개념이 무엇이든 간에, 몸은 그 개념대로 됩니다.

또 하나의 방법은 숨 내쉬기의 수련인데, 그 수련을 통해 지바는 꾼달리니의 거처로부터 올라와 이 몸을 버리게 됩니다.

그러면 그것은 통나무처럼 움직이지 못하게 됩니다.

그때 지바는 움직이거나 움직이지 않는, 다른 어떤

몸 안으로도 들어갈 수 있고, 바라는 경험도 할 수 있습니다.

이와 같이 지바가 그 경험을 얻은 뒤에는 자기 뜻대로, 또 하고 싶을 때에, 이전의 몸이나 다른 어떤 몸 안으로 다시 들어갈 수도 있습니다.

혹은, 그것은 어떤 특별한 몸 안으로 들어가지 않고, 만물에 충만해 있는 의식으로서 남아 있을 수도 있습니다.

이와 같이, 쭈달라 왕비는 모든 영적인 힘(자기 자신을 원자처럼 작게 만들거나 아주 거대하게 만들 수 있는 능력처럼)들을 부여받게 되었습니다.

그녀는 남편 곁을 떠나지 않고서, 하늘을 왔다 갔다 했으며, 가장 깊은 바다 속으로도 들어갔으며, 그리고 지구를 떠돌아다녔습니다.

그녀는 어떠한 방해도 없이 나무나 바위, 산, 풀, 하늘 그리고 물과 같은 모든 형태의 물질 속으로 들어갔습니다.

그녀는 천인들과 함께, 그리고 해방을 얻은 현자들과 함께 다녔으며, 그들과 담소를 나누었습니다.

그녀는 또한 자기의 남편을 깨우쳐 주기 위하여 온갖 노력을 다 기울였지만, 그는 아무 반응이 없을 뿐만 아니라, 그녀의 어리석음을 비웃었습니다. 그는 무지한 상태로 있었습니다.

그녀는 그녀의 영적인 힘들을 남편에게 보여 주는 것이 현명하지 못하다고 느꼈습니다.

제자

쭈달라와 같은 그렇게 위대한 싯다 요기니조차 쉬

끼드바자 왕의 영적인 일깨움과 깨달음을 가져오게 할 수 없다면, 도대체 일반 사람은 어떻게 깨달음을 얻을 수 있겠습니까?

스승

스승이 제자를 가르치는 것은 단지 하나의 전통에 지나지 않습니다. 즉, 깨달음을 일으키는 원인은 오직 제자의 순수한 의식에 있습니다.

이야기를 듣거나 올바른 행위를 함으로써도 사람은 나 지식을 얻지 못합니다. 오직 진정한 나만이 진정한 나를 알고, 오직 뱀만이 자기의 발을 아는 것이 아니겠습니까! 그러나……

빈댜 언덕의 어느 마을에 한 부유한 사람이 살고 있었습니다. 한번은 그가 숲 속을 걸어가다가 동전 한 닢 (1센트)을 잃어버렸습니다. 그는 구두쇠였으므로 무성하게 우거진 덤불 속에서 그 동전을 찾기 시작했습니다.

　줄곧 그는 '그 1센트가 있으면 어떤 장사를 하겠고, 그러면 4센트가 되고, 또 8센트가 될 거야.'라고 머리를 굴리고 있었습니다.

　지켜보는 구경꾼들의 비웃음에도 아랑곳하지 않고, 3일 동안 그는 찾았습니다. 그 3일째가 끝날 무렵에, 그는 갑자기 보석 하나를 발견하지 않았겠습니까!

　그것은 현자의 돌이었습니다. 그것을 가지고 그는 집으로 돌아와 행복하게 살았습니다.

　이 구두쇠가 현자의 돌을 찾게 된 원인은 무엇이겠습니까? 확실히 그것은 그의 인색함과 잃어버린 1센트를 위해 수풀을 샅샅이 뒤진 결과입니다!

그와 꼭 같이, 스승의 가르침을 받을 경우에도 제자는 무언가를 찾아야 하지만, 그가 실제로 얻는 것은 다른 무언가가 아니겠습니까!

브람만은 마음과 감각을 초월해 있습니다. 그래서 다른 누군가의 가르침을 통해서는 그것을 알 수 없습니다.

그러나 스승의 가르침이 없어도, 또한 그것을 모르는 것이 아니겠습니까!

그 구두쇠는 만약 1센트 때문에 덤불 속을 뒤지지 않았더라면, 그 보석을 발견하지 못했을 것입니다.

그러므로 스승의 가르침은 나 지식의 원인으로 간주되지만, 실제로 그것은 그 원인이 아닌 것입니다.

오, 제자여! 마야에 대한 이러한 신비를 보십시오.

즉 사람은 무언가를 찾지만, 그가 얻는 것은 다른 무언가가 아니겠습니까!

나 지식이 없기 때문에, 쉬끄드바자 왕은 망상으로 눈이 멀게 되었습니다. 그는 이 세상의 어떤 것으로도 달랠 수 없는 비탄에 잠기고 말았습니다.

오, 제자여! 왕은 곧 그대처럼 그의 대신들이 그에게 맡긴 임무만을 하면서 고독을 찾기 시작했습니다. 그는 자선 사업에 많은 기부를 했습니다. 그는 다양한 금욕 생활을 했습니다.

그러나 망상과 슬픔에는 그 어떤 변화도 없었습니다. 상당히 오랜 심사숙고 끝에 어느 날, 쉬끄드바자 왕은 왕비에게 다음과 같이 말했습니다.

여보! 나는 오랫동안 통치자의 신분을 누려 왔고, 또 왕실의 모든 쾌락도 누려 왔습니다. 그러나 쾌락도 고통도, 성공도 역경도 고행자의 마음을 방해할 수 없습니다.

그러므로 나는 숲 속에 들어가서 고행자가 되고 싶습니다. 모든 점에서 당신을 닮은 사랑스런 숲(여기서 왕은 숲을 왕비의 수족과 비교하면서 낭만적으로 묘사한다)이 마치 그대가 나를 기쁘게 해 주는 것과 꼭 같이 나의 가슴을 기쁘게 해 줄 것입니다.

그러니 내가 떠날 수 있도록 허락해 주십시오. 훌륭한 주부는 남편의 소망을 가로막지 않으니까 하는 말입니다.

쭈달라

신이시여! 꽃이 봄철에 피어야 어울리고, 열매는 가을에 맺혀야 어울리듯이, 적절한 시기에 행하는 그 행동이야말로 오직 적절한 행동으로서 빛이 납니다.

숲 속의 생활은 노년에 어울리는 것이지, 당신과 같은 나이에 속한 사람에게는 어울리지 않습니다. 당신과 같은 나이에는 집안 생활이 어울리지요.

우리가 좀 더 늙으면, 우리 둘 모두 이 집안 생활을 버리고, 숲 속으로 들어갑시다. 더욱이, 당신이 때 이르게 왕궁을 떠나면 백성들이 슬퍼할 것입니다.

쉬끼드바자

"여보! 내가 가는 길을 막지 마십시오. 내 이미 숲 속으로 떠난 몸이라는 것을 아십시오. 당신은 단지 어린아이에 지나지 않소.

그래서 당신이 또한 숲 속으로 가서 고된 고행을 한다는 것은 적절치 않습니다. 그러므로 여기 남아서 왕국을 다스리십시오."

그날 밤, 왕비가 잠든 사이, 왕은 도성을 순찰한다는 핑계로 왕궁을 떠났습니다. 그는 하루 종일 말을 타고 달려, 마침내 나무가 빽빽이 들어선 만다라 산의 숲에 당도했습니다.

그곳은 사람들이 사는 곳으로부터 아주 멀리 떨어져 있었으나, 이전에 신성한 브람마나들이 거주했던 흔적이 남아 있던 곳이었습니다.

거기에서 그는 혼자 오두막을 지었고, 거기에다 대나무로 된 지팡이와 밥그릇, 물통, 화분용 접시, 물주전자, 염주(말라), 추위로부터 보호해 줄 의복, 사슴 가죽 등과 같은 고행에 필요하다고 생각되는 모든 것을 다 갖추어 놓았습니다.

거기에서 그는 고행을 시작했습니다.

그는 하루의 전반부는 명상과 자빠(신성한 만뜨라의

68

반복)에 바쳤습니다. 하루의 후반부는 화초를 따는 데 보냈습니다. 그 다음 그는 목욕을 하고, 신을 숭배했습니다. 그 후 그는 과일과 뿌리로 된 검소한 식사를 했습니다.

나머지 시간은 자빠나 만뜨라를 반복해서 암송하는 데 보냈습니다. 이렇게 그는 그의 왕국 등은 조금도 생각하지 않고, 그 오두막집에서 오랜 시간을 보냈습니다.

쭈달라는 깨어나서 남편이 왕궁을 떠난 것을 알고 깜짝 놀랐습니다. 그녀는 불행하다고 느끼며, 그녀가 있을 장소는 남편 곁이라고 결심했습니다.

재빨리 그녀도 작은 창문을 통해 왕궁을 빠져나와, 하늘 위로 날아가며 남편을 찾았습니다. 곧 그녀는 숲 속을 돌아다니고 있는 그를 발견했습니다.

그러나 그녀는 그의 곁에 내려앉기 전에, 그녀의 사이킥적인 비전으로 미래의 일들을 곰곰이 생각해 봤습니다. 그녀는 가장 작은 일에 이르기까지 일어나기로 예정되어있는 모든 것을 다 보았습니다.

피할 수 없는 운명 앞에 무릎을 꿇고, 그녀는 공중을 통해 날아왔던 똑같은 길로 다시 왕궁으로 돌아갔습니다.

쭈달라는 왕이 중요한 임무 수행을 위해 왕궁을 떠났다고 발표했습니다. 그때부터 그녀가 직접 국정을 운영했습니다.

18년 동안 그녀는 왕궁에서, 남편은 숲 속에서 각각 살면서, 서로 한 번도 만나지 않았습니다. 그에게는 이미 노령의 흔적이 보이기 시작했습니다.

그때 쭈달라는 자기 남편의 마음이 상당히 성숙해

졌음을 보고, 이제 그녀가 남편의 깨달음을 얻는 데 도울 수 있는 적기임을 알았습니다.

이렇게 결심을 하고 난 뒤, 그녀는 밤에 왕궁을 떠나, 그가 있는 곳으로 날아갔습니다.

그녀는 여러 천국에서 천인들과 완벽한 경지에 도달한 현자들을 바라보았습니다. 그녀는 천상의 향기를 들이마시고, 대단한 현자들을 바라보았습니다.

그녀는 천상의 향기를 들이마시고, 대단한 열성으로 남편과의 재결합을 고대하면서 구름 속을 뚫고 날아갔습니다. 그녀는 흥분했고, 그녀의 마음은 동요되었습니다.

그녀는 이러한 마음 상태를 알고서, 다음과 같이 혼잣말을 했습니다. "아아! 몸에 생명이 붙어 있는 한, 사람은 활동을 멈추지 않는 것이 확실하구나. 내 마음까지도 이렇게나 동요되다니! 그렇지 않으면, 오, 마음이여! 아마 그대가 그대 자신의 배우자를 찾고 있을지도 모르겠구나.

다른 한편으로 생각해 보면, 내 남편은 18년이란 긴 세월에 걸쳐 금욕 생활을 한 후라, 틀림없이 자기 왕국과 나에 대해서는 까맣게 잊어버렸을 거야.

그런 경우라면, 오, 마음이여! 그대가 다시 한번 그를 만날 수 있는 기대로 흥분한다는 것은 무익한 일이겠지…….

나는 내 남편이 왕국으로 돌아가 나와 함께 오랫동안 행복하게 살 수 있도록 남편의 가슴속에 균형을 회복시켜 줘야 돼.

완전한 균형 상태에서 맛보는 그 기쁨은 그 밖의 모든 행복보다도 더 나은 것이니까."

이와 같이 생각하면서, 쭈달라는 만다라 산에 도착했습니다. 여전히 하늘에 머문 상태로, 그녀는 자기 남편이 마치 다른 사람인 것처럼 그를 지켜보았습니다.

왜냐하면 항상 왕복을 입고 있던 왕이 지금은 쇠약한 고행자처럼 보였기 때문입니다. 쭈달라는 남루한 복장과 헝클어진 머리카락, 마치 먹물이 흐르는 강물에 목욕이라도 한 듯이 상당히 더러운 안색을 한, 말없이 혼자 있는, 이 가슴 아픈 남편의 광경을 보고, 가슴이 덜컥 내려앉았습니다.

잠시 동안 그녀는 다음과 같이 생각했습니다. '아아, 어리석기 때문이구나! 왜냐하면 오직 어리석은 자들만이 지금 왕이 처해 있는 것과 같은 상태에 도달하기 때문이야.

확실히, 그가 이렇게 이 외딴 곳에서 은둔 생활을

한 것은 바로 그 자신의 망상 때문인 거야. 지금 이 자리에서 나는 그에게 깨달음을 얻을 수 있게 해 줘야겠다. 나는 변장을 하고, 그에게 다가가야지.'

쉬끼드바자가 쭈달라를 무지한 여자로 생각하고 다시 한번 그녀의 가르침을 거절할까 봐 두려워, 그녀는 젊은 고행자로 변신하여 그녀의 남편 바로 앞에 내려 앉았습니다.

쉬끼드바자는 젊은 고행자를 보고 매우 기뻐했습니다. 그 두 사람은 누구의 영혼의 광채가 더 뛰어난지를 서로 겨루었습니다.

젊은 고행자가 사실상 비교가 안 될 만큼 더 빛났습니다.

그래서 쉬끼드바자는 그를 천인으로 여기게 되었습니다. 그는 그 고행자를 상당히 숭배했습니다. 쭈달라

는 감사하는 마음으로 그 숭배를 받아들이고 다음과
같이 말했습니다.

"내가 세상을 두루 돌아다녀 봤지만, 이렇게 헌신적
인 숭배를 받기는 처음입니다. 나는 당신의 평온함과
금욕 생활을 존경합니다. 당신은 왕국을 버리고, 숲
속 생활에 의존할 정도로 생명의 위험을 선택했군요."

쉬끼드바자

오, 신의 아들이여! 확실히, 당신은 모든 것을 다 알
고 있군요. 당신이 나를 바라보는 것 그 자체만으로도
당신은 나에게 신의 감로를 흠뻑 쏟아 주는 것입니다.

나에게는 사랑스러운 아내가 있고, 그녀는 바로 지
금 나의 왕국을 다스리고 있습니다. 당신은 어떤 면에
서 그녀와 닮았군요. 그리고 내가 당신을 숭배하면서
바친 그 꽃들에게도 축복이 있기를 빕니다.

사람이 청하지도 않았는데 찾아오는 손님을 숭배하면, 그의 삶은 결실을 맺지요. 이러한 손님을 숭배하는 것이 신을 숭배하는 것보다 훨씬 더 낫지요.

부디 당신이 누구인지와 내가 어떤 은혜로 당신의 방문과 같은 축복을 받을 수 있는지를 말씀해 주십시오.

젊은 고행자(쭈달라)

이 우주에는 나라다라고 하는 거룩한 현자가 있습니다. 옛날 그는 신성한 강가 강의 강둑에 있는 어느 동굴에서 명상을 하고 있었습니다.

그의 명상이 끝나갈 무렵에, 그는 물놀이를 하고 있는 사람들의 것으로 보이는 팔찌 소리를 들었지요. 호기심에서 그는 그 방향으로 고개를 돌려, 천상에서 제일가는 몇몇 요정들이 물 속에서 발가벗은 상태로 장난치고 있는 것을 보았지요.

　그들은 형언할 수 없을 정도로 아름다웠습니다. 그의 가슴은 기쁨으로 넘쳤고, 그의 마음은 순간 육욕에 짓눌려 그 평정을 잃고 말았습니다.

　쉬끼드바자

　거룩한 성현이시여! 그가 대단한 학식을 갖춘 현자이고, 또 그때 해방된 사람이었으며, 욕망과 애착이 전혀 없고, 그의 의식이 하늘만큼 무한했는데도, 어떻게 그가 육욕에 정복당할 수 있었습니까?

　젊은 고행자(쭈달라)

　오, 왕실의 현자시여! 천상의 신들을 포함한 삼계의 모든 존재들은 이원적인 힘의 지배를 받는 몸을 가지고 있지요. 무지하든 현명하든 간에, 사람이 몸을 갖고 태어난 이상 그 몸은 행복과 불행, 쾌락과 고통을 받게 마련입니다.

마음을 충족시켜 주는 대상들을 향유함으로써 사람은 쾌락을 경험하고, 굶주림과 같은 결핍을 통해서 사람은 고통을 체험하지요. 그러한 것이 자연의 이치입니다.

실재인 나와 순수한 나가 한 순간이라도 잊혀지면, 경험의 대상은 확대됩니다. 만약 단절 없는 자각이 있다면, 이것은 일어나지 않습니다.

마치 어둠과 빛이 밤과 낮으로 변함없이 연관되어 있는 것처럼, 쾌락과 고통의 경험도 무지한 사람의 경우에는 몸의 존재를 확인해 주었지요.

그러나 현명한 사람의 경우에는, 그러한 경험이 의식 속에 반영된다 하더라도, 그것은 어떤 감명도 불러

일으키지 못합니다.

수정의 경우에서처럼, 현명한 사람은 오직 대상이 실제로 물질적으로 가까이 있을 때에만 그 대상의 영향을 받습니다.

그러나 무지한 사람은 너무도 심하게 영향을 받기 때문에 그는 그 대상이 없어도 그 대상을 곰곰이 생각합니다.

이러한 것이 그들의 특징이지요. 즉, 취약성이 점점 감소되는 것이 해방이요, 반면에 마음을 더욱 진하게 채색하는 것이 굴레입니다.

쉬끼드바자

고통은 그 관련 대상이 없는데도 어떻게 일어납니까?

젊은 고행자(쭈달라)

그 원인은 가슴이 몸이나 눈 등을 통해 받은 인상에
있습니다. 나중에 이것은 저절로 확대됩니다. 가슴이
동요되면, 기억은 꾼달리니의 거처에 있는 지바를 뒤
흔듭니다. 그러면 전신에 뻗어 있는 나디들이 그 영향
을 받습니다.

쾌락의 경험과 고통의 경험은 각각 달리 나디에 영
향을 미칩니다. 말하자면 고통 속에 있을 때가 아니
라, 쾌락 속에 있을 때 나디는 팽창하고 꽃을 피웁니
다.

이와 같이 지바가 동요된 나디 속으로 들어오지 않
을 때, 그것은 해방을 얻습니다.

속박이란 다름 아닌 지바가 쾌락과 고통에 굴복하
는 것입니다. 즉 이러한 굴복이 존재하지 않을 때, 해방이 있습니다.

지바란 쾌락과 고통을 '보기'만 해도 동요됩니다. 그러나 만약 지바가 나 지식을 통하여 고통과 쾌락이 진실로 존재하지 않는다는 것을 깨달으면, 그 지바는 다시 균형을 되찾게 됩니다.

혹은, 만약 이것들이 본질적으로 존재하지 않고, 또한 그것들 안에서도 그 지바가 존재하지 않는다는 것을 지바가 깨달으면, 그것(지바)은 완전한 자유를 실현합니다.

만약 이 모든 것이 단 하나의 무한한 의식에 지나지 않는다는 것을 지바가 깨달으면, 그것은 다시 한 번 균형에 도달합니다.

연료가 없는 등불처럼 그것은 다시는 동요되지 않습니다.

왜냐하면 지바 그 자체가 비실재적인 것으로 깨달아졌기 때문이고, 또한 지바가 의식에서 나온 최초의 생각에 지나지 않지만, 그것이 다시 그 의식 속으로 흡수되었기 때문입니다.

쉬끄드바자

쾌락의 경험이 어떻게 에너지의 손실을 가져오는지에 대해 상세히 말해 주십시오.

젊은 고행자(쭈달라)

내가 말씀드렸듯이, 지바는 생명력을 동요시킵니다. 생명력의 움직임은 몸 전체에서 생명의 에너지를 끌어냅니다. 그러면 이 에너지는 자연스럽게 방출되는 생식 에너지로서 내려갑니다.

쉬끄드바자

자연^{nature}이 무엇입니까?

젊은 고행자(쭈달라)

원래, 브람만만이 브람만으로서 존재했습니다. 그 속에서 무수한 물질이 바다 수면 위의 잔물결처럼 나타났습니다. 이것이 자연이라고 하는 것입니다.

그것은 브람만과 인과관계가 없습니다. 그러나 그것은 까마귀가 야자나무에 우연히 내려앉자 동시에 야자열매가 우연히 떨어지는 것처럼 일어났습니다. 그 자연 속에서 다양한 특징을 부여받은 다양한 피조물이 발견됩니다.

이 우주가 태어난 것도 그 나의 바로 그러한 자연때문입니다. 그것은 번갈아 가며 일어나는 질서와 무질서 때문에 생기는 자기 한계나 조건화에 의해 유지됩니다.

질서와 무질서 사이에 그러한 자기 한계와 그러한 충돌이 없다면, 존재들은 다시 태어나지 않을 것입니다.

(나라다의 이야기를 계속 하면서, 젊은 고행자(쭈달라)는 다음과 같이 말했습니다.)

곧 나라다는 그의 자제력을 되찾았습니다. 그는 흩어져 있던 씨앗을 수정으로 만들어진 항아리 속에 모았습니다.

그 다음 그는 그의 생각의 힘으로 만든 우유를 가지고 그 항아리를 채웠습니다. 오래지 않아, 그 항아리는 모든 면에서 완벽한 아이를 하나 낳았습니다.

나라다는 그 아기에게 이름을 지어 주고, 마침내 그 아이에게 최고의 지혜를 주었습니다. 그 어린 소년은 그의 아버지에게 필적할 만한 사람이 되었습니다.

나중에, 나라다는 그 아이를 자신의 아버지인 창조주 브람마에게 데려갔습니다. 브람마는 이름이 꿈바였던 그 소년에게 축복으로 최고의 지혜를 주었습니다.

당신 앞에 서 있는 사람이 바로 그 소년이요, 그 꿈바요, 브람마의 그 손자입니다. 나는 세상을 즐겁게 떠돌아다니고 있습니다. 왜냐하면 나는 어떤 누구로부터도 얻을 것이 없기 때문입니다. 내가 이 세상에 들어올 때, 내 발은 땅에 닿지 않습니다.

쉬끼드바자

내가 오늘 당신과 함께 있으면서 당신 지혜의 감로를 마실 수 있는 것은 진실로 과거의 수많은 생에 걸쳐 쌓아 놓은 선업의 결과 바로 그 때문입니다. 이 세상의 어떤 것도 성자들과의 사귐이 주는 그런 평화를 줄 수는 없습니다.

젊은 고행자(쭈달라)

나는 지금까지 당신에게 나의 생애에 대한 이야기를 들려주었습니다. 부디, 이제 당신은 누구이며, 여기서 무엇을 하고 있는지 말씀해 주십시오. 또 여기에는 얼마나 계셨습니까? 진실하게 모든 것을 말씀해 주십시오. 왜냐하면 세상을 버린 은둔자는 진실 이외의 어떤 말도 하지 않기 때문이지요.

쉬끼드바자

오, 신의 아들이여! 당신은 사실 있는 그대로 모든 것을 다 알고 있습니다. 그래서 달리 내가 말해야 할 것이 무엇이 있겠습니까?

나는 이 삼사라(세상의 순환 주기 또는 탄생과 죽음의 순환 주기)에 대한 두려움 때문에 이 숲 속에서 살고 있습니다. 비록 당신이 이 모든 것을 다 알고 있지만, 나는 간략하게 나의 이야기를 말씀드리겠습니다.

　　나는 쉬끼드바자 왕입니다. 나는 왕국을 버렸지요.
나는 사람이 반복적으로 그리고 번갈아 가면서 쾌락과
고통을, 탄생과 죽음을 경험하는 이 삼사라를 두려워
합니다.

　　그러나 비록 내가 어디든지 떠돌아다니면서 극도의
고행을 해 보았지만, 아직까지 나는 평화와 고요함을
발견하지 못했습니다. 나의 마음은 편안히 쉬지 못하
고 있습니다.

　　나는 여러 활동들을 마음껏 즐기지도 않고, 또한 어
떤 것을 얻으려고 애쓰지도 않습니다. 나는 여기에 혼
자 있으면서, 어떤 것에도 집착하지 않습니다.

　　그럼에도 불구하고 나는 무미건조하며, 성취한 것
이 전혀 없습니다. 나는 한 번도 중단하지 않고 모든

끄리야(행위, 요가의 수행법 중의 하나)들을 행해 왔습니다. 그러나 나는 단지 슬픔에서부터 보다 더 큰 슬픔으로 나아갈 뿐입니다. 그리고 신의 감로마저 나에게는 독으로 변합니다.

젊은 고행자(쭈달라)

옛날에 나는 할아버지에게 "끄리야(행위, 기법의 수행)와 갸나(나 지식) 중 어느 것이 더 낫습니까?"라고 물은 적이 있지요. 그때 할아버지는 다음과 같이 나에게 말해 주었습니다.

"실제로, 갸나가 더 낫다. 왜냐하면 갸나를 통해서 사람은 오직 하나 밖에 존재하지 않는 것을 깨닫기 때문이다.

반면에 끄리야는 하나의 오락으로서 다양한 용어로 기술되어 왔지.

만약 사람이 갸나를 갖지 못하면, 그는 끄리야에 매달리게 된다. 이는 마치 입어야 할 좋은 의복이 없으면, 자루 부대에 매달리는 것과 같은 것이다.

무지한 사람들은 그들의 조건화(바사나) 때문에 그들의 행위의 결과라는 덫에 걸리게 된다.

조건화를 버릴 때, 행위는 그것이 인습적으로 좋거나 혹은 나쁜 것으로 간주되든 말든 간에, 행위 없음이 된다. 자기 한계나 의지의 작용이 없을 때, 행위는 결과를 맺지 않는다.

행위 자체가 반작용이나 '결과'를 만들어 내지 않는다. 행위로 하여금 결과를 맺도록 하는 것은 바로 바사나나 의지의 작용이다.

마치 놀란 소년이 유령을 생각하고 유령을 보는 것과 꼭 같이, 무지한 사람은 슬픔이란 생각을 품고서 슬품을 당하는 것이다.

바사나(자기 한계나 조건화)도, 자아도 진정한 실재는 아니다. 그들은 어리석음 때문에 생기는 것이다.

이 어리석음을 버릴 때, 이 모든 것이 브람만이고 또한 자기 한계라는 것도 없다는 깨달음이 있다.

바사나가 있을 때 마음이 있다. 바사나가 마음속에서 사라지면, 나 지식이 있다. 나 지식을 얻은 사람은 다시 태어나지 않는다."

이와 같이, 심지어 신들과 브람마와 다른 이들도 나 지식만이 최고라고 공언했습니다.

그렇다면 왜 그대는 아직도 무지합니까? 그대는 왜 "이것은 물주전자이다.", "이것은 지팡이다."라고 생각하며, 아직까지 무지의 상태에 빠져 있습니까?

그대는 왜 "나는 누구인가?", "이 세상은 어떻게 생겼는가?", 그리고 "이 모든 것은 어떻게 사라지는가?"라고 탐구하지 않습니까?

그대는 왜 굴레와 해방의 본질을 탐구함으로써 깨달음을 얻은 사람의 상태에 도달하지 않습니까?

그대는 왜 이런 쓸데없는 고행과 *끄리야*들에 그대의 인생을 낭비하고 있습니까?

그대가 나 지식을 얻게 되는 것은 바로 성현들과의 사귐에 있고, 그들에게 봉사하고 그들에게 물어봄으로써 가능한 것입니다.

쉬끼드바자

오, 현자시여! 이제 나는 진실로 당신을 통해 깨달음을 얻었습니다. 나는 어리석음에서 벗어났습니다.

당신은 나의 구루입니다. 나는 당신의 제자입니다.

당신은 어떤 사람이 슬퍼하지 않는지를 알고 있습니다. 당신이 알고 있는 것을 부디 나에게 가르쳐 주십시오.

젊은 고행자(쭈달라)

오, 왕실의 현자시여! 만약 그대가 수용할 자세로 내 말을 소중히 여긴다면, 나는 그대에게 가르쳐 주겠습니다. 만약 배울 사람이 가르침을 받아들여 그것을 소중히 여기고 자기 것으로 만들 의도가 없는데도 장난삼아 단지 질문에 대한 대답으로 그 사람을 가르치려 한다면, 그것은 아무 소용이 없기 때문입니다.

(쉬끼드바자로부터 그러한 확신을 받아 낸 후, 쭈달라는 다음과 같이 말했습니다.) 주의 깊게 경청하십시오. 나는 당신에게 당신의 이야기와 닮은 이야기를 하나 들려주겠

습니다.

젊은 고행자(쭈달라)

옛날에 거의 믿을 수 없을 정도로 부와 지혜를 고루 갖춘 사람이 있었습니다. 그는 모든 장점을 겸비했고, 모든 일에 있어 슬기로웠으며, 그의 모든 포부를 다 이루었습니다.

그러나 그는 나를 알지 못했습니다. 그는 찐따마니(소유자가 바라는 모든 것을 성취시켜 줄 수 있는 것으로 생각되는 현자의 돌)라고 하는 천상의 보석을 얻을 욕망으로 고행을 하기 시작했지요. 그의 노력은 열성적이었습니다.

그래서 매우 짧은 기간 내에 그 보석이 그의 앞에 나타났습니다. 실제로, 최선을 다해 노력하는 사람에게 불가능한 일이 어디에 있겠습니까!

93

노력과 어려움도 알아채지 못한 채, 그가 착수한 일에 전념을 다하는 사람은 비록 그가 가난하다 하더라도, 바라는 목표를 달성할 수 있습니다.

이 사람은 쉽게 손으로 잡을 수 있는 자기 앞의 보석을 보았습니다. 그러나 그는 그것에 대한 어떤 확신에 도달할 수 없었습니다. 그는 오랜 노력과 고통으로 인해 혼란해진 마음으로 다음과 같이 곰곰이 생각하기 시작했습니다.

"이것이 찐따마니일까? 아니면, 찐따마니가 아닐까? 내가 그것을 만져 볼까, 아니면 만져 보지 말까? 아마 내가 그것을 만지면, 그것이 사라질지도 몰라. 확실히, 그것이 이렇게 짧은 시간 내에 얻어질 리는 없을 거야.

경전에서도 평생을 노력해야 그것을 얻을 수 있다고 하지 않았던가! 확실히, 내가 가난에 쪼들린 탐욕스러운 사람이기 때문에, 나는 단지 환각을 일으켜 내 앞에 이 보석이 있다고 하는 거야.

나에게 어떻게 그렇게 단시간 내에 그것을 얻을 수 있는 행운이 찾아올 수 있겠나?

어떤 위대한 사람들 같으면, 그들은 단시간 내에 이 보석을 손에 넣을지도 몰라. 그러나 나는 단지 약간의 고행만 내 명예로 내세울 수 있는 평범한 사람이 아닌가? 내가 이렇게나 빨리 이것을 얻는다는 것이 어떻게 가능하겠는가?"

이렇게 마음이 혼란된 상태에서, 그는 그 보석을 잡을 어떤 노력도 하지 않았습니다. 그는 그것을 손에 넣을 운명이 못 되었지요. 그것을 마땅히 받을 가치가 있을 때, 비로소 그가 받을 가치가 있는 것을 얻습니다.

천상의 보석이 그의 앞에 있다 하더라도, 바보는 이

렇게 그것을 무시하는 것이 아니겠습니까! 이렇게 보석이 무시당하자, 그 보석은 사라졌습니다.

사이킥 힘(싯디)들의 재능을 가진 물건들은 그들이 찾는 사람에게 모든 것을 줍니다. 그러나 그것들은 그 사람의 지혜를 파괴시킨 뒤에는 곧장 떠나 버립니다.

그리고 그 사람은 찐따마니를 얻기 위하여 고행에 더욱 박차를 가했습니다. 근면한 사람들은 그들이 착수한 일을 버리지 않습니다.

얼마 뒤, 그는 천인들이 장난삼아 그의 앞에 던져 버린 유리 조각을 보았습니다. 그는 그것을 찐따마니라고 생각했습니다. 이렇게 착각에 빠진 나머지, 그는 탐욕스럽게 그것을 주워 들었습니다.

그것의 도움만 있으면, 그가 찾는 것을 무엇이든지 얻을 수 있다고 확신하고서, 그는 모든 재산과 가족 등을 포기하고 숲 속으로 들어갔습니다.

그는 그 자신의 어리석음 때문에 거기에서 고통을 받았습니다. 큰 재난과 노령과 죽음은 어리석음이 일으킨 고통에 비교하면 아무것도 아닙니다.

사실상, 어리석음이 모든 고통과 불행의 머리를 장식하고 있지 않겠습니까!

젊은 고행자(쭈달라)

오, 왕이시여! 역시 당신의 이야기와 꼭 닮은 또 하나의 이야기에 귀를 기울여 주십시오.

빈댜 숲 속에 힘이 매우 세고, 또 튼튼하고 강한 엄니를 가진 코끼리 한 마리가 있었습니다. 그러나 이 코끼리를 타는 주인은 그 코끼리를 우리에다 가두어 두었습니다. 게다가 코끼리 주인이 막대기와 같은 무기를 계속 사용했으므로, 코끼리는 큰 고통을 받았습니다.

주인이 없는 사이, 코끼리는 우리를 벗어나기 위해 몸부림을 쳤습니다. 이 같은 노력은 꼬박 3일간 계속되었습니다. 결국 코끼리는 우리를 부수고 말았습니다. 바로 이때 코끼리 주인이 코끼리의 소행을 보았습니다.

코끼리가 도망을 치려고 하는 동안 주인은 나무에 올라갔고, 거기에서 그는 몸을 던져 코끼리 등에 타서 다시 코끼리를 제압하려는 계획을 세웠습니다.

그러나 그가 나무에서 뛰어내릴 때, 그는 코끼리의 머리에 착지하지 못하고 코끼리의 머리 바로 앞에 떨어졌습니다. 코끼리는 자기 앞에 떨어진 적(주인)을 보았습니다.

그러나 코끼리는 측은한 마음에 압도당하여 그 주인을 해치지 않았습니다. 이러한 동정심은 심지어 짐승에게도 볼 수 있습니다. 코끼리는 그냥 도망쳤습니다.

주인은 심한 부상을 당하지 않았기 때문에 일어났습니다. 악인의 몸은 쉽게 부서지지 않는 법입니다. 그들의 악행은 오히려 그들의 몸을 강하게 하는 것 같습니다. 그러나 코끼리 주인은 코끼리를 잃어버리자 불행했습니다.

그는 잃어버린 코끼리를 찾기 위해 숲을 계속 수색했습니다. 매우 오랜 시간이 흐른 뒤에, 그는 그 코끼리가 우거진 숲 속에 서 있는 것을 보았습니다.

그는 그 코끼리를 다시 포획하고 싶은 간절한 마음에서 다른 코끼리 조련사들을 불러 모아, 그들의 도움으로 거대한 함정을 파고 그것을 나뭇잎으로 덮어 두었습니다.

그 후 며칠이 지나자, 그 거대한 코끼리는 그 함정에 빠졌습니다. 이렇게 사악한 주인에 의해 다시 붙잡혀 결박당한 코끼리는 아직도 거기에 서 있지 않겠습니까!

코끼리는 자기의 원수가 자기 바로 앞에 떨어졌지만 그를 죽이지 않고 그냥 놔두었었지요. 그 때문에 그 코끼리는 다시 고통을 겪어야만 했습니다.

자신의 어리석음 때문에, 기회가 왔을 때 적절하게 활동하지 못함으로써 모든 장애물을 제거하지 못하는 사람은 슬픔을 자초하는 것입니다.

'나는 자유롭다.'는 잘못된 만족으로 인하여, 코끼리는 다시 속박당하게 된 것입니다. 어리석음이 슬픔을 자초한 것입니다. 어리석음은 굴레입니다.

오, 신성한 현자시여! 속박당한 사람은 자신의 어리석음 때문에 자신이 자유롭다고 생각합니다.

삼계에 존재하는 모든 것이 단지 나에 지나지 않지만, 어리석음에 확고히 자리를 잡고 있는 사람에게는 그 모든 것이 단지 어리석음의 확장에 지나지 않습니다.

쉬끼드바자

거룩한 현자시여! 이 두 이야기의 의미를 설명해 주십시오.

젊은 고행자(쭈달라)

오, 왕이시여! 천상의 보석을 찾아 나선 부유하고 박식한 사람은 바로 당신입니다. 당신은 경전에 대한 지식을 가지고 있지만, 돌이 물 속에서 쉬는 것처럼 자신 내부에서 편히 쉬고 있지 않습니다.

찐따마니는 모든 슬픔을 종식시켜 주는, 모든 것에 대한 완전한 포기입니다. 순수하고 완전하게 포기를 할 때, 모든 것을 얻을 수 있습니다.

비교해 보면, 천상의 보석이란 무엇입니까? 당신은 제국 등을 버릴 수 있었기 때문에 그러한 완전한 포기를 경험했던 것입니다.

모든 것을 포기한 뒤에 당신은 이 외딴 곳으로 왔습니다. 그러나 아직도 포기해야 할 것이 하나 남아 있습니다.

그것은 바로 당신의 자아입니다. 만약 가슴이 생각의 움직임인 마음을 버린다면, 절대적인 것에 대한 깨달음이 옵니다.

그러나 당신은 자신의 포기가 자신에게 불러일으킨 포기라는 생각에 압도당하고 말았습니다. 그러므로 이것은 완전한 포기에서 일어나는 희열이 아닌 것입니다.

모든 것을 포기한 사람은 어떤 걱정에 의해서도 동요되지 않습니다. 바람이 나무의 가지들을 흔들 수 있다면, 그것은 움직이지 않는 것이라고 불릴 수 없는 것입니다.

그러한 걱정들이나 혹은 생각의 움직임들만이 마음이라고 하는 것입니다. 생각, 개념, 관념은 똑같은 것을 가리키는 다른 이름에 불과합니다.

만일 생각이 여전히 활동하고 있다면, 어떻게 마음을 포기한 것이라고 할 수 있겠습니까?

마음이 생각이나 걱정 등으로 동요되면, 삼계가 즉

시 마음에 나타납니다. 생각이 여전히 마음에 있는 한, 어떻게 순수하고 완전한 포기가 있을 수 있겠습니까?

그러므로 그러한 생각이 가슴속에서 일어날 때, 당신의 포기는 찐따마니가 그 사람을 떠나는 것처럼 당신의 가슴을 떠나는 것입니다.

당신이 포기의 정신을 알아보았지만 그것을 소중히 여기지 않았기 때문에, 그것은 당신을 떠난 것입니다.

그것은 떠나면서 당신이 생각과 걱정으로부터 벗어날 수 있는 자유도 가져가고 말았습니다.

이렇게 당신이 보석(완전한 포기의 정신)에 의해 버림을 받고 있을 때, 당신은 유리 조각(고행과 그 밖의 모든 것)을 주운 것입니다. 당신은 망상 때문에 그것을 소중히 여기기 시작했습니다.

아! 슬프게도, 당신은 무조건적이고 무집착의 무한한 의식을 버리고, 대신 당신 자신의 슬픔을 위해 시작과 끝이 있는 무익한 금욕 생활을 시작했던 것입니다.

쉽게 얻을 수 있는 무한한 기쁨을 버리고, 불가능한 것을 얻으려고 애쓰는 사람은 완고한 바보임에 틀림없으며, 자살 행위와 같은 것입니다.

당신은 이 숲속 생활이라는 함정에 빠져 완전한 포기의 정신을 계속 유지하려고 노력하지 않았습니다.

당신은 왕국과 그 나머지 모든 것에 대한 속박을 버렸지만, 금욕 생활이라고 하는 것에 다시 속박당하게 된 것입니다.

지금 당신은 추위와 더위, 바람 등으로 인하여 이전보다도 훨씬 더 걱정이 많고, 그러므로 더욱 단단히 속박당하고 있는 것입니다.

"나는 찐따마니를 얻었다."라고 어리석게 생각하면서, 당신은 실제로 수정 한 조각조차 얻지 못한 것이 아니겠습니까! 이상이 첫 번째 우화의 의미입니다.

자! 이제 두 번째 우화의 의미를 잘 들어 보십시오. 빈댜 언덕의 코끼리로서 묘사된 것은 당신이 이 지구상에 있다는 것입니다.

코끼리에게 난 두 개의 강력한 엄니는 당신이 소유하고 있는 비베까(분별, 지혜)와 바이라기야(초연)를 가리킵니다.

코끼리에게 고통을 주는 주인은 당신에게 슬픔을 일으키는 무지를 가리킵니다. 코끼리는 힘이 막강했지만 주인에게 제압당했습니다.

즉, 당신도 모든 면에서 아무리 뛰어나더라도, 이 무지나 어리석음에게 진 것입니다.

코끼리의 우리는 당신이 갇혀 있는 욕망의 우리를 가리킵니다. 그들 사이에 유일한 차이가 있다면, 쇠로 된 우리는 시간이 흐르면서 부식되지만, 욕망의 우리는 시간과 함께 더 강해진다는 것입니다.

코끼리가 우리를 부수고 도망쳐 나왔듯이, 당신도 왕국을 버리고 이곳으로 왔습니다.

그러나 심리적인 것을 버리는 것은 물질적인 우리를 부수고 나오는 것만큼 쉽지가 않습니다.

코끼리 주인이 코끼리의 도망으로 경계 태세를 취했듯이, 포기의 정신이 그대 안에 나타날 때, 그대 안에 있던 무지와 어리석음은 두려워 벌벌 떨게 됩니다.

현명한 사람이 쾌락의 추구를 포기할 때, 무지는 그로부터 달아나는 것입니다.

당신이 숲 속으로 갔을 때, 당신은 이 무지에게 심한 상처를 입혔으나, 마치 코끼리가 그 주인을 죽이지 못한 것과 꼭 같이, 마음이나 의식 속의 에너지의 움직임을 버림으로써 그 무지를 완전히 죽이지는 못했습니다.

그러므로 이 무지는 다시 일어났고, 당신이 이전의 욕망을 제압했던 방법을 기억해 내고, 그 무지는 다시 당신을 고행이라고 하는 함정에다 가두어 놓은 것입니다.

당신이 왕국을 포기하면서 단호히 이 무지를 완전히 소멸시켰더라면, 이 고행의 함정에 빠지지는 않았을 것입니다.

당신은 비베까 즉 지혜의 강력한 엄니를 갖고 있기 때문에 코끼리들의 왕입니다.

그러나 슬프게도 이 밀림에서 당신은 무지라고 하는 코끼리 주인의 덫에 걸려 버린 것입니다.

그래서 당신은 고행이라는 보이지 않는 함정 속에 갇혀 있게 된 것입니다.

오, 왕이시여! 왜 당신은 정말로 진리를 알고 있는 당신의 아내 쭈달라의 현명한 말에 귀를 기울이지 않았습니까?

그녀는 나를 아는 사람 가운데서도 으뜸가는 사람이며, 그녀의 말과 행동 사이에는 어떤 모순도 없습니다.

그녀가 말하는 모든 것이 진실이며, 실천에 옮길 가치가 있는 것입니다.

그러나 비록 당신이 과거에 아내의 말에 귀를 기울

이지 않고 그 말을 자기 것으로 만들지 않았다 하더라
도, 왜 당신은 완전한 포기를 한다고 해 놓고, 모든 것
을 버리지 않았습니까?

쉬끼드바자

나는 왕국과 궁전과 나라와 아내마저 버렸습니다.
그런데도 당신은 내가 모든 것을 포기하지 않았다고
생각하시니 어찌된 일입니까?

젊은 고행자(쭈달라)

오, 왕이시여! 부와 아내와 궁전과 왕국, 땅, 왕실의
보호물이나 당신의 친척들은 당신의 것이 아닙니다.
그래서 그것들을 버린다고 완전한 포기가 이루어지는
것은 아닙니다.

당신의 것으로 보이는데도 당신이 아직 포기하지

못한 다른 어떤 것이 있습니다. 그것이 포기의 가장 좋은 부분이기도 합니다.

하나도 남김없이 그것을 완전히 포기하십시오. 그리고 슬픔으로부터의 자유를 얻으십시오.

쉬끼드바자

왕국과 그 안에 있는 모든 것이 내 것이 아니라면, 나는 이 숲과 이 안에 있는 모든 것을 버리겠습니다.

그렇게 말하면서, 쉬끼드바자는 마음에서 숲 등을 포기했습니다.

젊은 고행자(쭈달라)

"이 모든 것은 그대의 것이 아닙니다. 그러므로 그것들을 포기해 봤자 아무런 의미가 없습니다."

"바로 지금까지 이 외딴 은둔처가 나의 모든 것이고, 나의 것이라는 것은 분명합니다. 나는 그것마저도 버리겠습니다.

(이렇게 결심하고서, 쉬끼드바자는 그의 가슴에서 그 은둔처가 자기 것이라는 생각 자체를 지워 버렸습니다.)

이제 내가 모든 것을 완전히 포기했다는 것은 확실합니다."

젊은 고행자(쭈달라)

이 모든 것도 또한 당신의 것이 아닌 것은 분명합니다. 그런데 어떻게 당신이 그것들을 포기합니까?

아직 당신이 포기하지 않은 중요한 것이 있습니다.

그리고 그것이 포기의 가장 중요한 부분입니다. 그것을 포기함으로써 당신은 슬픔으로부터 자유를 얻을 수 있습니다.

쉬끼드바자

이것들 또한 내 것이 아니라면, 나는 내 지팡이와 사슴 가죽 등과 내 오두막집도 버리겠습니다.

그렇게 말하면서, 그는 자리에서 벌떡 일어섰습니다. 젊은 고행자(쭈달라)가 수동적으로 지켜보는 가운데, 쉬끼드바자는 오두막집 안에 있는 모든 것을 긁어모아 거기에다 불을 지폈습니다. 그는 말라(염주)도 던져 버리면서 이렇게 말했습니다.

"만뜨라를 반복적으로 암송하는 것이 신성하다는 망상에서 나는 벗어났습니다. 그래서 이제 더 이상 그대(염주)가 필요없게 되었습니다." 그는 사슴 가죽도 태워 잿더미로 만들었습니다.

그는 물주전자를 젊은 고행자(쭈달라)에게 건네주었습니다. 그렇지 않으면 그것을 불 속으로 던져 넣었을 것입니다.

그는 다음과 같이 혼잣말로 중얼거렸습니다.

"포기할 것이 있다면, 모조리 단호히 영원히 포기해야 한다. 그렇지 않으면 그것은 다시 한번 확대되고, 다시 한번 모이게 된다.

그러므로 나는 이것을 마지막으로 모든 것을 다 태워 버리겠다."

이렇게 결심을 한 뒤, 쉬끼드바자는 이미 신성하고 세상적인 모든 활동들을 포기하기로 마음먹었으므로, 그가 그때까지 사용한 모든 물건들을 긁어모아 그들을 몽땅 다 태워 버렸습니다.

그러고 나서, 쉬끼드바자는 과거 자신의 잘못된 생각에 이끌려 불필요하게 지은 오두막집에 불을 질렀습니다.

그 다음, 그는 차례로 거기에 있던 모든 것과 남아 있던 모든 것을 불태워 버렸습니다.

그는 자신의 의복을 포함해 모든 것을 태우거나 던져 버렸습니다. 이렇게 불을 피워 놓고 태워 버리는 바람에 심지어 동물들마저도 놀라서 그곳을 피해 멀리 도망갔습니다.

오, 신의 아들이여! 나는 당신으로 인해 깨달음을 얻어, 그렇게 오랫 동안 내가 마음속에 지녀온 모든 생각을 버렸습니다.

이제 나는 순수하고 그지없이 행복한 지식 안에 자리를 잡았습니다. 속박의 원인이 되는 모든 것으로부터 내 마음은 등을 돌리고, 균형 속에 안주하게 되었습니다.

나는 모든 것을 포기했습니다. 나는 모든 속박으로부터 벗어났습니다.

나는 평화롭습니다. 나는 그지없는 희열을 느낍니다. 나는 승리를 거두었습니다.

이 공간이 나의 옷입니다. 공간이 나의 거처이고, 나는 공간과 같습니다. 오, 신의 아들이여! 이 지고의 포기 너머에 어떤 것이 있습니까?

젊은 고행자(쭈달라)

오, 왕이시여! 당신은 아직 모든 것을 포기하지 않

앉습니다. 그러므로 마치 당신이 지고의 포기가 가져다주는 희열을 지금 즐기고 있는 것처럼 행동하지 마십시오.

말하자면, 당신은 아직 포기하지 못한 중요한 것을 가지고 있습니다.

그것은 포기의 가장 중요한 부분입니다. 그것까지 찌꺼기 하나 남김없이 완전히 버릴 때, 당신은 슬픔이 없는 지고의 상태에 도달할 것입니다.

쉬끼드바자 (잠시 생각에 잠긴 뒤)

오, 신의 아들이여! 오직 하나가 더 남아 있군요. 그것은 감각이라고 하는 치명적인 뱀들의 거처이며, 피와 살 등으로 구성된 이 몸입니다.

이제 나는 그것마저 버리고 소멸시켜 완전한 포기

를 성취하겠습니다.

젊은 고행자(쭈달라)

(그가 결심을 막 실행하려 할 때)

오, 왕이시여! 왜 당신은 이 죄 없는 몸을 헛되이 죽이려고 합니까? 송아지를 죽이려 하는 황소의 특징인 이 성냄을 버리십시오.

이 고행에 시달린 몸은 스스로 움직이지도 못하고 말도 못합니다. 당신은 그것과 아무런 관계가 없습니다. 그러므로 그 몸을 파괴하려 하지 마십시오.

몸은 그 성품대로 스스로 움직이지도 못하고 말도 못하는 상태로 있습니다. 그것은 다른 어떤 힘이나 에너지에 의해 자극을 받아 작용을 하는 것입니다.

몸은 쾌락이나 고통의 경험에 대해서도 책임이 없습니다. 더욱이, 몸을 소멸시키는 것이 완전한 포기를 의미하지도 않습니다.

오히려, 당신은 그러한 포기에 도움이 되는 중요한 것을 버리게 되는 것입니다.

만약 당신이 이 몸을 통해 작용하고 이 몸을 동요시키는 그것을 버릴 수 있다면, 당신은 진실로 모든 죄와 악을 버린 것이 되고 최고의 포기자가 될 것입니다.

만약 그것을 포기하면, 몸을 포함한 모든 것을 포기한 것이 됩니다. 그렇지 않으면 죄와 악은 비록 일시적으로 가려져 있을지 몰라도, 또다시 일어나게 될 것입니다.

젊은 고행자(쭈달라)

모든 것의 포기이며, 이 모든 것의 유일한 원인이
며, 또한 이 모든 것이 거주하고 있는 그것만이 완전한
포기입니다.

쉬끼드바자

거룩한 분이시여! 포기해야 할 그것이 무엇인지를
제발 말씀해 주십시오.

젊은 고행자(쭈달라)

오, 고귀한 분이시여! 그것은('지바'나 '쁘라나' 등의 이
름으로도 통하는) 마음입니다. 그것은 스스로 움직이는
것도 아니요, 스스로 움직이지 않는 것도 아니며, 또
한 '전부'이기도 한 혼란의 상태 안에 있습니다.

그것은 혼란인 이 마음이며, 그것은 인간이며, 그것
은 세상이고, 그것은 전부입니다. 그것은 왕국과 몸과

아내와 기타 모든 것을 일으키는 씨앗입니다.

이 씨앗을 버릴 때, 현재에 존재해 있는 모든 것과 심지어 미래에 존재할 모든 것에 대한 완전한 포기가 있는 것입니다.

선과 악, 왕국과 숲 등 이 모든 것은 마음을 가진 사람의 가슴속에서는 고통을 일으키지만, 마음이 없는 사람에게는 큰 기쁨을 일으킵니다.

마치 나무가 바람으로 흔들리는 것과 꼭 같이, 이 몸 또한 마음 때문에 흔들립니다.

존재들이 겪는 다양한 경험(노령과 죽음과 탄생 등)들과 또한 거룩한 현자들의 흔들리지 않는 마음 등 이 모든 것은 진실로 마음의 변화에 불과합니다.

지성, 우주, 자아, 쁘라나 등 다양한 이름으로 불리

고 있는 것은 오직 이 마음뿐입니다.

그러므로 그것을 버리는 것만이 완전한 포기입니다. 일단 그것을 버리면, 진리는 즉시 경험됩니다.

일원성과 다양성에 대한 모든 개념이 사라지게 됩니다. 그러면 평화가 도래합니다.

반면에, 당신의 것이 아니라고 생각되는 것을 포기함으로써 당신은 당신 내부에 분리를 일으키게 될 것입니다.

사람이 모든 것을 포기하면, 모든 것은 하나의 무한한 의식의 공(空) 안에 존재하게 됩니다.

연료 없는 등불처럼 완전한 포기라는 그 상태에 안주하면, 그는 연료 있는 등불처럼 더할 나위 없는 광채로 빛이 납니다.

왕국 등을 포기한 후에도, 당신은 존재하고 있습니다.

마찬가지로 마음을 버린 뒤에도, 그 무한한 의식은 존재할 것입니다. 이 모든 것을 불태워 없앴을 때조차, 당신은 어떤 변화도 겪지 않았던 것입니다.

심지어 당신이 마음을 완전히 버렸을 때도, 어떤 변화도 일어나지 않을 것입니다.

모든 것을 완전히 버린 사람은 노령과 죽음과 기타 그러한 인생사에 대한 두려움 때문에 고통을 받지 않습니다.

그것만이 최고의 희열입니다. 그 밖의 모든 것은 굉장한 슬픔입니다. 옴(OM)!

따라서 이 진리를 자기 것으로 만들고는 당신이 하

고 싶은 것을 하십시오.

그 완전한 포기 속에 최고의 지혜 즉 나 지식이 존재합니다.

그것은 마치 항아리가 완전히 비어야 그 안에 귀중한 보석을 저장할 수 있는 것과 같습니다.

바로 이러한 완전한 포기를 통해서 석가모니(붓다)도 의심할 여지없이 그 상태에 도달하여 흔들림 없이 그것에 자리를 잡았습니다.

그러므로 오, 왕이시여! 모든 것을 버렸을 때, 당신이 당신 스스로를 발견하는 그 모습 안에, 그 상태 안에 머무르십시오.

'나는 모든 것을 포기했다.'라는 생각조차 버리고, 지고의 평화 상태에 머물러 계십시오.

제발 이 마음의 정확한 본질과, 또한 다시는 그것이 일어나지 않도록 그것을 버리는 방법을 말씀해 주십시오.

바사나(기억, 과거의 미묘한 인상들, 조건화)가 이 마음입니다. 사실상 그것들은 같은 말입니다.

그것을 버리거나 포기하는 일은 쉽고, 쉽게 이루어질 수 있으며, 심지어 왕국을 다스리는 것보다 더 즐거우며, 꽃보다도 더 아름답습니다.

확실히 어리석은 사람이 마음을 버리는 것은 마치 우둔한 사람이 왕국을 다스리는 일이 어려운 것과 마찬가지로 매우 어렵습니다.

마음을 완전히 소멸시키거나 없애는 것은 삼사라 (세상의 순환 주기)를 없애는 것과 같습니다. 그것은 또한 마음을 버리는 것이라고도 합니다.

그러므로 '나'라는 생각의 씨앗을 가진 나무를 그 모든 가지와 열매와 잎과 함께 뿌리째 뽑아내십시오.

그리고 가슴속의 공간에 조용히 머물러 계십시오.

'나'라고 하는 것은 나 지식이 없을 때 일어납니다. 이 '나'라는 것이 마음이라고 하는 나무의 씨앗입니다.

그것은 마야라는 가공의 힘이 충만해 있는 지고의 나라는 밭에서 자랍니다.

따라서 그 밭에서 하나의 분리가 생기고, 경험이 일어나는 것입니다. 이와 함께, 지성이라고 하는 결정하는 능력이 일어납니다.

126

물론 그것은 단지 그 씨앗의 확대된 모양에 지나지 않기 때문에 뚜렷한 형태가 없습니다.

그것의 성품은 개념화 즉 관념입니다. 그래서 그것은 또한 마음, 지바 그리고 공이라고도 합니다.

이 나무의 줄기가 몸입니다. 나무 내에서 나무의 성장을 가져다주는 에너지의 움직임은 심리적인 조건화의 결과 때문입니다.

그 가지는 길어서 먼 거리까지 뻗어 있습니다. 그 가지는 존재와 비존재의 특징을 이루고 있는 유한한 감각 경험들이라 할 수 있습니다.

그 열매는 선과 악(쾌락과 고통, 행복과 불행)이라 할 수 있습니다.

이것은 사악한 나무입니다. 매 순간 그 가지들을 잘

라 내고, 그것을 뿌리째 뽑도록 노력하십시오.

그 가지들도 또한 조건화와 개념들과 지각의 대상들을 그 내용으로 하고 있습니다. 그 가지들은 이 모든 것의 열매를 맺고 있습니다.

만약 당신이 지성의 힘을 통하여, 그것들에게 집착하지 않고, 그것들에게 무관심하고, 당신 자신을 그것들과 동일시하지 않는다면, 이들 바사나들은 크게 약화될 것입니다.

그러면 당신은 나무의 뿌리를 완전히 뽑아 낼 수 있습니다. 그 가지를 없애는 것은 부차적입니다. 일차적인 것은 그 나무의 뿌리를 뽑는 것입니다.

쉬끼드바자

나는 내가 순수한 의식이라는 것을 알고 있습니다.

그 순수한 의식 안에서 어떻게 이 불순물(무지)이 일어났는지 나는 모르겠습니다. 나는 진정한 나도 아니면서 비실재적인 이 불순물을 제거할 수 없기 때문에, 괴롭습니다.

젊은 고행자(쭈달라)

당신이 이 삼사라에 속박되어 있는 무지한 사람이 되는 원인인 그 불순물(무지)이 실재하는 것인지 아니면 실재하지 않는 것인지를 말씀해 보십시오.

쉬끼드바자

그 불순물은 또한 자아이며, 마음이라는 이 큰 나무의 씨앗입니다. 나는 그것을 없애는 방법을 모릅니다. 내가 그것을 포기했는데도, 그것은 나에게 다시 돌아옵니다.

젊은 고행자(쭈달라)

실재하는 원인에서 일어나는 결과는 언제 어디서나 자명한 것입니다. 원인이 실재하지 않는 곳에서는, 그 결과도 복시 현상에서 볼 수 있는 두 번째 달만큼이나 분명히 비실재적인 것입니다.

삼사라의 씨앗은 이미 자아의 씨앗에서 생겨난 것입니다. 지금 그 원인을 탐구해서 나에게 말씀해 보십시오.

쉬끼드바자

오, 현자시여! 나는 경험이 자아의 원인이라는 것을 압니다. 그러나 그것을 없애는 방법을 나에게 말씀해 주십시오.

젊은 고행자(쭈달라)

아! 과연 당신은 결과의 원인이 무엇인지를 찾아낼 수 있군요. 그러면 그러한 경험의 원인이 무엇인지를 나에게 말씀해 보십시오. 그러면 나는 당신에게 그 원인을 없애는 방법을 알려 드리겠습니다.

의식이란 것이 경험하는 주체이면서 동시에 경험이라는 대상입니다. 대상으로서의 경험이 일어날 어떤 원인도 없었을 때, 그 결과(경험)는 어떻게 일어났겠습니까?

쉬끼드바자

그것은 분명히 몸과 같은 객관적인 실체 때문이 아닐까요? 나는 그러한 객관적인 실체가 어떻게 가짜로 보이는지를 알 수 없습니다.

젊은 고행자(쭈달라)

만약 경험이 몸과 같은 대상들의 실체에 기초하고 있다면, 그러고 나서 몸 등이 비실재적인 것으로 드러난다면, 경험은 어디에 기반을 두고 있겠습니까?

원인이 없거나 실재하지 않을 때, 결과는 존재하지 않으며, 그런 결과의 경험도 망상입니다. 그렇다면 몸과 같은 대상들의 원인은 무엇이겠습니까?

쉬끼드바자

복시 현상에서 두 번째 달이 실재하지 않는 것이 아니라는 것은 분명합니다. 왜냐하면 그것은 눈병이라는 원인을 가지고 있기 때문입니다.

불임 여성의 아들도 우리는 결코 볼 수 없습니다. 그래서 그것은 실재하지 않습니다. 아니, 몸의 존재에 대한 원인은 아버지가 아니겠습니까?

그렇다 치더라도, 그 아버지는 실재하지 않습니다. 왜냐하면 실재하지 않는 것에서 태어난 것은 역시 실재하지 않기 때문입니다.

만약 첫 번째의 창조주가 그 다음 나타나는 모든 몸들의 원인이라고 말한다면, 사실상 그것도 진실이 아닙니다.

창조주 그 자신은 실재와 전혀 다르지 않습니다.

그러므로 이 창조물 등과 다른(이 우주 등) 것으로 보는 것은 착각입니다. 이 진리를 깨닫게 되면, 무지와 자아를 제거할 수 있습니다.

쉬끼드바자

창조주에서부터 기둥에 이르기까지 이 모든 것이 실재하지 않는다면, 이 실재하는 슬픔은 어떻게 생겨났습니까?

젊은 고행자(쭈달라)

현상계에 대한 이러한 망상은 그것을 반복하여 확인함으로써 확대됩니다. 그래서 물이 얼어 평평한 덩어리가 되면, 그것은 앉을 수 있는 의자 역할을 합니다.

오직 무지가 사라졌을 때만 사람은 진리를 깨닫게 됩니다. 그때서야 비로소 원래의 상태가 나타납니다.

다양성에 대한 자각이 감소되면, 이 삼사라에 대한 경험도 멈추게 되고, 당신은 당신 본래의 광채 속에서 빛을 발하게 됩니다.

따라서 당신은 본래 지고의 존재입니다. 이 몸, 이 형상 등은 무지와 오해 때문에 생겨난 것입니다.

창조주와 다양한 존재들의 창조에 대한 이 모든 개념은 실재하는 것으로 증명되지 않았습니다.

원인이 밝혀지지 않았는데, 어떻게 그 결과를 사실로 여길 수 있겠습니까?

이 모든 다양한 피조물들은 마치 신기루 속의 물과 같이, 단지 현상에 불과합니다.

그러한 기만적인 현상은 그것을 탐구하면 곧바로 사라집니다.

쉬끼드바자

지고의 나 혹은 무한한 의식(브람만)이 그 원인이며,

135

그 원인의 결과가 창조주라고 왜 말할 수 없습니까?

젊은 고행자(쭈달라)

브람만이나 지고의 나는 둘째가 없는 하나요, 원인도 없으며, 결과도 없습니다.

왜냐하면 그것은 어떤 것을 해야 하거나, 어떤 것을 창조해야 할 어떤 이유(동기나 필요성)도 없기 때문입니다.

그러므로 그것은 행위자도 아니요, 또한 어떤 행위나 도구, 그런 행위를 할 씨앗도 없습니다. 그러므로 그것은 이 우주나 창조주에 대한 원인이 아닙니다.

그러므로 창조와 같은 것은 전혀 없습니다. 그러므로 당신은 행위들의 행위자도 아니요, 또한 경험들의 향유자도 아닙니다.

당신은 전부이며, 항상 평화로우며, 태어나지도 않은 완벽한 존재입니다. 원인(창조의 이유)이 전혀 없기 때문에, 세상이라고 하는 결과도 전혀 없습니다.

현상계는 단지 망상에 지나지 않습니다.

이렇게 세상의 객관성이 사실이지 않는 것으로 보일 때, 경험이란 무엇이며, 또 무엇에 관한 경험입니까?

경험이 전혀 없을 때는 경험자(자아)도 없습니다. 따라서 당신은 순수하고 자유롭습니다. 굴레와 해방은 말에 지나지 않습니다.

쉬끼드바자

신이시여! 나는 당신의 그 현명하고 논리 정연한 말씀을 듣고 완전한 깨달음을 얻었습니다.

원인이 없기 때문에 브람만은 어떤 것의 행위자가 아니요, 또한 어떤 것의 창조자도 아니라는 것을 나는 깨달았습니다.

그러므로 마음도 없으며, 자아도 없습니다. 그런 까닭으로 나는 순수하며, 나는 깨달음을 얻었습니다.

나는 나의 나에 경의를 표합니다. 내 의식의 대상이 되는 것은 아무것도 없습니다.

이렇게 영적으로 깨달음을 얻은 뒤에, 쉬끼드바자는 깊은 명상에 들어 갔고, 젊은 고행자(쭈달라)는 장난삼아 그를 다시 명상에서 깨워 다음과 같이 말했습니다.

"오, 왕이시여! 당신은 이제 충분히 일깨워져 깨달음을 얻었습니다. 이 세상의 비전이 사라졌든 사라지지 않았든 간에, 지금 해야 할 일은 지금 해야만 합니다.

일단 나의 빛을 보게 되면, 당신은 즉시 바람직하지 않은 것과 정신적 조건화로부터 해방됩니다. 그리고 당신은 살아 있는 동안 해방을 얻은 사람으로 남게 됩니다."

이제 나 지식으로 광채를 발하는 쉬끼드바자는 젊은 고행자(쭈달라)에게 '좀 더 깊은 이해력을 얻기 위하여' 다음과 같이 물었습니다.

쉬끼드바자

"실재가 하나의 분할할 수 없는 무한한 의식이라면, 보는 자와 보이는 대상과 봄으로 분명히 나누어지는 이 구별은 거기에서 어떻게 일어납니까?"

젊은 고행자(쭈달라)

오, 왕이시여! 좋은 질문입니다. 이것이 당신이 마

지막으로 알아야 할 유일한 것입니다. 이 우주 안에 있는 모든 것은 이 세상의 순환 주기가 끝날 때, 오직 빛도 아니요 어둠도 아닌 본질만 남겨 놓고 사라질 것입니다.

그것은 무한한 순수한 의식이며 지고의 평화입니다. 그것은 논리와 지성적인 이해를 초월해 있습니다.

우리는 그것을 브람만이나 니르바나라고 합니다. 그것은 가장 작은 것보다 더 작으며, 가장 큰 것보다 더 크며, 우수한 것 가운데서도 가장 우수한 것입니다.

그것과 관련해 보면, 지금 존재하는 것으로 보이는 것은 원자와 같은 입자에 불과합니다!

나라는 의식으로 빛을 내는 것과 우주적인 나인 그것은 바로 이 우주로서 존재하고 있는 그것입니다.

공기와 그 움직임 사이에는 어떤 구별도 없는 것처럼, 사실상 우주적인 나와 이 우주 사이에도 어떤 진정한 구별도 없습니다.

파도들과 바다 사이에는 시간과 공간에 의한 어떤 인과 관계가 있다고 말할 수 있을지 모르겠습니다.

그러나 우주적인 나나 혹은 무한한 의식 속에서는 그러한 관계가 전혀 없습니다. 그러므로 이 우주는 원인이 없는 것입니다.

그 무한한 의식 속에서 이 우주는 마치 작은 먼지의 입자처럼 떠다닙니다. 그 속에서 '세상'이라는 단어는 실체나 실재를 부여받게 됩니다.

그것(무한한 의식)만이 여기에서 본질이라 할 수 있습니다. 그것은 만물에 가득 차 있습니다. 그것은 하나입니다. 그것은 의식입니다.

그것은 모든 것을 동시에 잡고 있습니다. 그럼에도 불구하고 분할성과 이원성이 전혀 없기 때문에 그것을 하나라고 말할 수 없습니다.

그러므로 나만이 진리라는 것을 아는 것과, 이원성의 개념을 일으키지 않는 것으로 충분합니다.

그것만이 모든 다양한 형상 속에 언제 어디서나 존재 합니다. 그것은 볼 수도 없고(감각들과 마음을 통해 경험할 수도 없음), 또한 도달할 수 있는 대상도 아닙니다.

그러므로 그것은 원인도 결과도 아닙니다. 그것은 지극히 미묘합니다. 그것은 순수하게 경험하는 것(경험하는 사람도 아니요, 경험도 아님)입니다.

이와 같이 그것을 묘사하지만, 그것은 묘사가 불가능한 것입니다.

그러므로 그것은 존재한다고도 말할 수 없고, 존재하지 않는다고도 말할 수 없습니다. 그런데도 그것이 이 우주의 원인이 어떻게 될 수 있겠습니까?

젊은 고행자(쭈달라)

그러므로 씨앗(원인)을 가지고 있지 않은 것과 묘사할 수 없는 것은 또 다른 것의 원인이 아닙니다.

즉 거기에서는 어떤 것도 태어나지 않습니다. 그러므로 나는 행위자도 아니요, 또한 행위나 도구도 아닙니다.

그것은 진리입니다. 그것은 영원한 절대적인 의식입니다. 그것이 나 지식입니다.

지고의 브람만 속에는 어떤 세상도 없습니다. 이론적으로는 시간(파도가 일어날 때의)과 공간(파도로서 존재

143

하는 것처럼 보이는)의 토대 위에서 파도가 바다에서 일
어나고 존재한다는 것을 증명할 수 있을지 모릅니다.

그러나 브람만과 이 세상 사이에 존재하는 그러한
관계조차 지금까지 누가 증명하려고 했겠습니까?

왜냐하면 브람만 속에는 시간과 공간이 존재하지
않기 때문입니다. 따라서 이 세상은 전혀 토대가 없는
것입니다.

쉬끼드바자

파도들이 바다에 존재한다는 것을 합리적으로 설명
할 수 있다는 것은 분명합니다. 그러나 이 세상과 자아
는 어째서 그 원인이 없는지를 이해하지 못하겠습니
다.

젊은 고행자(쭈달라)

오, 왕이시여! 이제 당신은 진리를 바르게 이해했습니다. 그 이유는 사실상 '세상'이나 '자아'란 단어에 해당하는 실체가 전혀 없기 때문입니다.

공간과 전혀 다르지 않은 텅 빔이나 거리의 개념이 존재하는 것과 꼭 같이, 이 현상계도 그 형상이 같든지 다르든지 간에 지고의 존재 즉 무한한 의식 속에 존재합니다.

이와 같이 이 세상의 실체를 잘 이해하면, 그것이 지고의 나(쉬바) 임을 깨달을 수 있습니다. 독약도 바르게 이해하면, 신의 감로로 바꿀 수 있습니다.

그러나 그것을 바르게 이해하지 못하면, 그것은 악(아쉬밤)이 되고 슬픔의 세상이 됩니다. 왜냐하면 이 의식은 그것이 실현시키는 모든 것이 되기 때문입니다.

이 의식이 그 자체를 형체를 가진 영혼으로서와 세

상으로서 보는 것은 나 안의 혼란 때문입니다.

여기에서 지고의 존재(쉬밤)로 빛나는 것은 오직 그 지고의 나뿐입니다. 그러므로 이 세상과 자아에 관한 질문 자체는 부적절합니다.

실재하는 그러한 물질에 대해서만 그러한 질문이 적절하지, 그 존재가 증명되지 않은 물질에 대해서는 적절하지 않습니다.

이 세상과 자아는 지고의 나와 관계없는 독립적인 존재를 전혀 가지고 있지 않습니다.

그것들이 존재할 어떤 이유도 없기 때문에, 사실 존재하는 것은 지고의 나 뿐입니다.

다섯 원소들의 결합으로 이러한 환영을 일으킨 것은 브람만의 에너지(마야)입니다.

그러나 의식은 여전히 의식으로 남아 있으며, 그것은 의식에 의해 깨달아질 수 있습니다.

다양함도 다양함의 개념에 의해 자각될 수 있습니다. 무한한 것은 그 자체 내에서 무한성을 일으키고,

무한한 것은 무한성을 창조하며, 무한한 것은 무한성에서 태어나고, 무한성은 무한한 상태로 남아 있습니다. 의식은 의식으로서 빛납니다.

금의 경우에, 그것은 어떤 시간과 어떤 장소에서 하나의 장신구의 원인이 되었다고 말할 수 있습니다.

그러나 절대적인 평화인 나로부터는 어떤 것도 창조되지 않았고, 또 어떤 것도 결코 그것으로 되돌아가지 않습니다.

브람만은 그 자체 내에 안주하고 있습니다.

그러므로 브람만은 단순한 경험의 문제인 이 세상에 대한 창조의 씨앗이나 원인이 아닙니다.

이러한 경험과 별도로, 이 세상이나 자아라고 말할 수 있는 어떤 것도 존재하지 않습니다. 그러므로 무한한 의식만이 존재합니다.

쉬끼드바자

오, 현자시여! 나는 신에게 어떤 세상이나 자아가 없다는 것을 깨달았습니다. 그러나 이 세상과 자아는 어떻게 그것들이 마치 존재하는 것처럼 빛납니까?

젊은 고행자(쭈달라)

실제로, 순수하게 경험하는 의식으로서 시작도 끝도 없이 존재하는 것은 무한입니다. 무한만이 말하자면 그것의 몸이 확대된 우주입니다.

지성이라고 하는 물질도 없으며, 바깥이나 공도 없습니다. 존재의 본질은 순수하게 경험하는 것입니다. 그러므로 순수하게 경험하는 것은 의식의 본질입니다.

유동성이 물과 불가분의 관계로 존재하듯이, 의식과 무의식은 동시에 공존합니다.

이렇게 존재하는 것을 설명해 줄 이론적 근거는 전혀 없습니다. 왜냐하면 본질은 있는 그대로 있기 때문입니다.

의식 안에서는 어떤 모순이나 분리도 없기 때문에, 그것은 자명한 것입니다.

만약 무한한 의식이 다른 어떤 것의 원인이라면, 어떻게 그것이 형언할 수 없고 비교할 수 없는 것으로 간주될 수 있겠습니까?

그러므로 브람만은 원인이나 씨앗이 아닙니다. 그렇다면 우리는 무엇을 그 결과로 간주하겠습니까?

그러므로 이 세상을 브람만과 관련시키는 것과, 스스로 움직이지 못하는 것을 무한한 의식과 관련시키는 것은 부적절합니다.

만일 세상이나 자아가 존재하는 것으로 보인다면, 이들은 남을 즐겁게 해주기 위해 의도된 공허한 말에 불과한 것입니다.

의식은 파괴되지 않습니다. 그러나 만약 그러한 파괴가 이해될 수 있다면, 그것을 이해하는 의식은 파괴와 창조로부터 자유롭습니다.

만약 그러한 파괴가 이해될 수 있다면, 그것은 의식의 속임수임이 분명합니다.

그러므로 하나도 아니요, 다수도 아닌 의식만이 존재합니다. 이제 이러한 논의는 그만 합시다.

그래서 물질적인 존재가 없다면, 생각도 존재하지 않습니다. 세상도 없고, 자아도 없습니다.

몸을 갖고 있든, 아니면 몸을 떠났든 간에, 마음의 조건화가 없는 평화와 고요함에 잘 자리 잡고 계십시오.

브람만의 실재를 깨닫게 되면, 걱정과 불안이 들어설 여지가 없습니다.

쉬끼드바자

거룩한 분이시여! 마음이 존재하지 않는다는 것을 내가 아주 명확하게 이해할 수 있도록 부디 가르침을 주십시오.

오, 왕이시여! 정말로 마음이라고 하는 실체는 지금도 없고, 지금까지 존재한 적도 없습니다.

여기서 빛을 내고 있으며 마음으로 알려져 있는 것은 실제로 무한한 브람만(의식)입니다.

마음과 세상 그리고 기타 나머지 모든 것의 개념을 불러일으키는 것은 그 참된 성품을 모르는 무지 때문입니다.

이들마저도 실체가 없는 개념인데, '나'나 '너' 등이 어떻게 실재하는 것으로 간주될 수 있겠습니까?

따라서 '세상'과 같은 것은 없으며, 존재하는 것처럼 보이는 모든 것은 창조된 것이 아닙니다.

이 모든 것은 정말로 브람만입니다. 그것을 어떻게 알 수 있으며, 누구에 의해 알려질 수 있겠습니까?

심지어 현 세상의 순환 주기가 시작될 때에도, 이 세상은 창조되지 않았습니다. 오직 당신의 이해를 돕기 위해서 내가 그것을 창조라고 묘사한 것입니다.

어떤 결과를 일으키는 요인들이 하나도 없는데, 이 모든 것이 어떻게 창조될 수 있었겠습니까?

그러므로 존재하는 것이 있다면, 그것은 모두가 브람만이지, 그 밖의 어떤 것도 아닌 것입니다.

이름도 형상도 없는 신이 세상을 창조했다고 말할 때, 거기에는 논리조차 없는 것입니다! 그것은 사실이 아닙니다.

따라서 이 세상의 창조가 가짜라는 것을 알면, 그러

한 창조의 개념을 가지고 있는 마음도 또한 가짜인 것이 분명한 것입니다.

마음은 진실을 제한하는 그러한 개념들의 다발에 불과합니다. 그렇다 치더라도, 분할은 분할 가능성의 뜻을 내포하고 있습니다.

무한한 의식이 분할할 수 없을 때는 분할 가능성도 없고, 그러므로 어떤 분할도 없습니다.

그러면 분할하는 주체인 마음이 어떻게 실재한다고 할 수 있겠습니까?

지금 여기에 존재하는 것으로 보이는 모든 것은 브람만 안에서, 그리고 브람만에 의해서 지각이 됩니다. 그리고 그러한 지각을 의례적으로 마음이라고 하는 것입니다.

이 우주처럼 뻗어 나가는 것은 오직 무한한 의식뿐입니다. 그렇다면 왜 우리는 그것을 우주라고 부를까요?

이 무한한 의식의 이 국면이나 차원에서 보면, 존재하는 것처럼 보이는 모든 사소한 현상도 본질적으로 의식 그 자체의 반사에 불과합니다.

그러므로 마음도 없으며, 또한 세상도 없습니다. 오직 무지하기 때문에, 이 모든 것을 '세상'으로서 보는 것입니다. 그러므로 마음은 실재하지 않습니다.

창조는 진정으로 있는 것에 의해서가 아니라 오직 이것 때문에 부정되는 것입니다. 이 세상으로서 보여지고 있는 진정한 실재는 시작이 없으며 창조되지도 않았습니다.

그러므로 여기에서 물질이 나타나고 사라지는 것에

관한 경전의 주장들과 자기 자신의 경험들은 무지한 사람을 제외하고는 어느 누구에 의해서도 근거가 없는 것이라고 할 수 없습니다.

그러한 주장과 경험의 타당성을 부인하는 사람은 언제라도 피할 준비가 되어 있어야 합니다.

초월적인 실재는 영원합니다. 그리고 세상은 비실재적인 것이 아닙니다. (오직 제한하는 부속물인 마음이 가짜입니다.)

그러므로 이 모든 것은 분할할 수 없고, 제한할 수 없으며, 이름도 형상도 없는 무한한 의식입니다.

창조와 소멸의 순환 주기를 가진 이 우주가 존재하는 것처럼 보이는 것은 무한한 형상들인 브람만이 자기를 반사하기 때문입니다.

한순간에 그 스스로를 이 우주로서 알게 하고, 또 그렇게 존재하는 것처럼 보이게 하는 것은 바로 이 브람만 자체입니다.

마음이란 것은 없습니다.

쉬끼드바자

내 망상은 사라졌습니다. 당신의 은총으로 지혜를 얻었습니다. 나에게서 모든 의심이 사라졌습니다.

나는 무엇을 알아야 하는지를 압니다. 환영의 바다를 건넜습니다. 나는 '나'라는 생각이 없이 순수한 지식으로서 평화에 있습니다.

젊은 고행자(쭈달라)

이 세상이 그러한 것으로 존재하지 않으면, '나'나

157

'너'라는 것이 어디에 존재하겠습니까?

그러므로 그대 자신 안의 평화에 머물면서, 매 순간 아무런 의지 작용이 없는 적절한 행동들을 하십시오.

이 모든 것은 평화인 브람만뿐입니다. 그래서 '나'나 '세상'이라는 것은 실체가 없는 말에 불과합니다.

이러한 표현들에 실체가 없다는 것을 깨달으면, 이 세상으로서 보았던 것을 브람만으로 깨닫게 될 것입니다.

창조주 브람마는 단지 하나의 관념이나 개념에 불과합니다. 자아나 '나'라는 것도 꼭 그것과 같습니다.

그것들을 올바르게 이해하느냐 아니면 잘못 이해하느냐에 따라서, 해방이나 굴레가 각각 주어집니다.

'내가 존재한다.'라는 개념은 굴레와 자기 파멸을 일어나게 합니다. '나는 존재하지 않는다.'라는 깨달음은 자유와 순수성을 가져다줍니다.

　　굴레와 해방은 개념에 불과합니다. 이 개념들을 자각하고 있는 것은 유일하게 존재하는 무한한 의식입니다.

　　'내가 존재한다.'라는 개념은 모든 고통의 근원입니다. 그러한 느낌이 없을 때 완벽한 경지에 도달합니다.

　　'나는 자아가 아니다.'라는 것을 깨닫고, 순수한 의식 속에 조용히 머물러 계십시오.

　　그러한 순수한 자각이 일어날 때, 모든 개념은 사라집니다. 완벽한 경지가 있습니다.

그 순수한 자각, 완벽한 경지나 신 안에서는 인과성도 없고, 또한 그 결과로서 생기는 창조나 대상들도 없습니다.

대상들이 없으면, 경험도 없으며, 거기에 수반되는 자아도 없습니다.

자아가 존재하지 않으면, 삼사라(탄생과 죽음의 순환 주기)가 어디에 있겠습니까? 따라서 삼사라가 존재하지 않으면, 지고의 존재만이 남게 됩니다.

그 안에서 이 우주는 마치 조각되지 않은 돌 속에 조각 작품들이 존재하는 것과 꼭 같이 존재합니다.

이와 같이 마음의 간섭이 없이, 그러므로 우주에 대한 개념도 없이 이 우주를 볼 수 있는 사람만이 진리를 볼 수 있습니다. 그러한 비전을 니르바나라고 합니다.

'파도'라는 단어가 그 의미를 상실하면 바다만이 존재하는 것처럼, '창조'라는 단어가 무의미한 것으로 보여지면 브람만만이 존재합니다.

이 우주creation는 브람만입니다. 브람만만이 이 우주를 자각하고 있습니다. '우주' 라는 단어의 의미가 사라지면, '우주'의 진정한 의미는 영원한 브람만으로 보입니다. '브람만'이란 단어를 탐구해 보면, 전부가 이해됩니다.

마찬가지로 '우주'라는 단어를 탐구해 보면, 브람만이 이해됩니다. 그러나 이러한 모든 개념과 그 자각의 기초와 바탕을 이루고 있는 그 의식이 '브람만'이란 말로 알려져 있습니다.

이 진리를 명확히 깨닫고, 지식과 지식의 대상이라는 이원성을 버릴 때, 말로 묘사할 수 없고 표현할 수 없는 지고의 평화가 남게 됩니다.

쉬끼드바자

만약 지고의 존재가 실재하고 이 세상도 실재하는 것이라면, 나는 지고의 존재가 원인이고 이 세상은 그 결과라고 가정합니다.

젊은 고행자(쭈달라)

오직 인과 관계가 있을 경우에만 결과를 가정할 수 있습니다. 그러나 인과 관계가 전혀 없는 곳에서는 어떻게 결과가 일어날 수 있겠습니까?

브람만과 이 우주 사이에는 어떠한 인과 관계도 없습니다.

여기에 존재하는 모든 것이 브람만입니다. 아무런 씨앗조차도 없을 때, 무엇이 어떻게 태어나겠습니까?

브람만이 이름도 형상도 없을 때, 거기에는 어떠한 인과 관계(씨앗)도 없다는 것은 자명합니다.

그런고로 브람만은 인과 관계가 없는 비행위자입니다. 그러므로 이 세상이라고 부를 수 있는 어떤 결과도 없습니다.

당신은 오직 브람만입니다. 그리고 브람만만이 존재합니다. 그 브람만이 무지에 의해 이해될 때, 그것은 이 우주로서 경험됩니다. 말하자면 이 우주는 브람만의 몸입니다.

그 무한한 의식이 그 자체를 실제로 있는 그대로가 아닌 다른 것으로 간주할 때, 그것을 자멸Self destruction이나 자기 경험이라고 하는 것입니다.

그 자멸이 마음인 것입니다. 그것의 성품 자체는 나지식을 파괴하는 것(숨기는 짓)입니다.

163

그러한 자멸이 일시적이라 하더라도, 그것은 세상의 한 순환 주기 동안 지속되는 마음으로서 알려져 있습니다.

이러한 개념적인 존재는 오직 올바른 지식이 시작되고, 모든 개념들이 없어질 때만 사라집니다.

개념적인 존재가 비실재적이기 때문에, 진리를 깨닫게 되면 그것은 자연스럽게 사라집니다.

이 세상이 실재하는 독립된 실체로서가 아닌 말로서만 존재할 때, 어떻게 그 세상을 하나의 실재하는 존재로서 받아들일 수 있겠습니까?

그것이 독립적으로 존재한다는 것은 마치 신기루 속의 물과 같습니다. 어떻게 그것이 진짜일 수 있겠습니까?

이러한 비실재가 실재처럼 보이는 혼란된 상태를 마음이라고 합니다.

진리를 이해하지 못하는 것이 무지요, 마음입니다. 반면에 진리를 바르게 이해하는 것이 나 지식이요, 나 깨달음입니다.

'이것은 물이 아니야.'라는 깨달음이 신기루를 신기루로서 깨닫게 해 주는 것과 꼭 같이, '이것은 순수한 의식이 아니라, 마음이라고 하는 움직이는 의식이야.' 라는 깨달음이 마음의 소멸을 가져다줍니다.

이와 같이 마음이 존재하지 않는다는 것을 깨달을 때, 자아 등이 존재하지 않는다는 것을 알 수 있습니다.

무한한 의식인 하나만이 존재합니다. 모든 개념들은 그칩니다.

개념들이 사라질 때 마음으로서 일어났던 기만이 사라집니다. '나'라는 것도 존재하지 않고, 다른 것도 존재하지 않으며, 당신도, 이 모든 것도 존재하지 않습니다.

다시 말해 마음도 없으며, 감각들도 없습니다. 하나만이 존재합니다. 즉, 순수한 의식만이 존재합니다.

삼계의 어떤 것도 지금까지 태어나거나 죽은 적이 없습니다. 무한한 의식만이 존재합니다.

일원성이나 다양성도 없으며, 혼란이나 망상도 없습니다. 어떤 것도 소멸되지 않고, 어떤 것도 번성하지 않습니다.

모든 것(욕망과 무욕으로 나타나는 에너지마저도)이 당신 자신의 나입니다.

나는 당신이 내면에서 영적으로 깨어났기를 바라며, 또한 당신이 해야 할 일을 알고, 보아야 할 것을 볼 수 있기를 바랍니다.

쉬끼드바자

신이시여! 정말로 당신의 은총으로 나는 지고의 상태를 보았습니다. 어떻게 해서 지금까지 나는 나의 이해력으로 그것을 알 수 없었습니까?

젊은 고행자(쭈달라)

오직 마음이 완전히 고요해지고, 쾌락에 대한 모든 욕망이 완전히 사라지고, 그리고 감각들이 또한 그 색깔이나 덮개를 벗어났을 때만 스승의 말씀이 올바르게 이해됩니다.

이전의 노력들이 허비된 것은 아닙니다. 왜냐하면

지금까지 기울인 많은 노력들로 오늘의 결실이 있어, 몸속의 불순물들도 떨어져 나갔기 때문입니다.

따라서 심리적인 조건화가 사라지고 불순물들이 제거되거나 정화되면, 구루의 말씀은 마치 화살이 연꽃 줄기 속으로 들어가듯이 그 자신의 가장 내면에 있는 존재의 핵심까지 바로 들어갑니다.

당신은 이제 그 순수한 상태에 도달했습니다. 그러므로 당신은 내 이야기를 듣고 깨달음을 얻었던 것이고, 당신의 무지는 사라진 것입니다.

우리의 삿상(신성한 교제)을 통하여 당신의 까르마(행위와 그들의 잔류 인상)들은 소멸되었습니다.

바로 오늘 오전까지만 해도 당신은 무지 때문에 '나'와 '나의 것'이라는 그릇된 개념들로 가득 차 있었습니다.

이제 내 이야기의 빛을 받아서 당신의 가슴에서 마음이 사라졌으므로, 당신은 완전히 깨어나게 되었습니다.

왜냐하면 무지는 오직 마음이 가슴 속에서 작용하는 한 지속되기 때문입니다.

이제 당신은 깨달음과 해방을 얻었습니다. 슬픔과 노력과 모든 집착이 없는 그 무한한 의식에 자리를 잡고 계십시오.

쉬끼드바자

신이시여! 해방에 있는 사람에게도 마음은 있습니까? 마음이 없다면, 그는 어떻게 여기에서 살아갑니까?

젊은 고행자(쭈달라)

해방된 사람에게 마음이 없다는 것은 사실입니다. 마음이 무엇입니까? 재탄생을 가져다주는 강한 심리적인 조건화나 한계가 마음입니다. 그런데 해방된 현자들에게는 이것이 없습니다. 해방된 현자들은 조건화가 없는 마음, 재탄생을 일으키지 않는 그런 마음의 도움을 받고 살아갑니다.

그것은 마음이 아니라 순수한 빛(삿뜨바)입니다. 해방된 사람들은 마음이 아닌 이 삿뜨바에 자리를 잡고서 여기에서 살아갑니다.

무지하고 스스로 움직이지 못하는 마음이 마음입니다. 반면에 깨달음을 얻은 마음이 삿뜨바인 것입니다.

무지한 사람들은 그들의 마음속에서 살고, 깨달음을 얻은 사람들은 삿뜨바에서 살아갑니다.

당신은 최고의 포기를 했기 때문에 삿뜨바(조건화가

없는 절대적인 마음)의 상태에 도달했습니다. 나는 조건
화가 있는 마음이 완전히 버려졌다고 확신하고 있습니
다.

당신의 마음은 순수하고 무한한 공간처럼 되었습니
다. 당신은 완벽의 상태인 완전한 균형의 상태에 도달
했습니다.

이것은 잔류물 하나 없이 모든 것이 버려지는 완전
한 포기입니다.

금욕 생활을 통해서 사람이 어떤 종류의 행복(슬픔
의 파괴)을 얻을 수 있을까요? 최고의 영원한 행복은 오
직 완전한 균형을 통해서만 얻어집니다.

천국에서 얻어지는 행복은 어떤 종류의 것일까요?
아직 나 지식을 얻지 못한 사람은 어떤 의식을 거행함
으로써 약간의 만족을 얻으려고 애씁니다.

금이 없는 사람은 구리에라도 집착하는 법이지요.

오, 왕실의 현자시여! 전에 당신이 쭈달라의 도움을 받아들였더라면 쉽게 현자가 될 수도 있었습니다.

당신이 왜 이 쓸데없는 무의미한 금욕 생활에 빠져들어야 했습니까? 거기에는 시작과 끝이 있고, 중간에는 그럴듯한 행복이 있습니다.

그러나 당신의 금욕 생활은 어떤 점에서 이러한 영적인 일깨움을 가져오게 했습니다. 이제 지혜에 뿌리를 내리고 조용히 계십시오.

이 모든 실재와 심지어 비실재적인 개념들이 일어나는 것은 바로 무한한 의식 안에서입니다. 그리고 그 속으로 그것들은 사라집니다.

심지어 '이것은 해야 한다.' 혹은 '이것은 해서는 안

된다.'와 같은 생각들조차도 이 무한한 의식의 작은 물방울과 같습니다.

　바로 이런 것들을 버리고 조건화가 없는 절대적인 것에 조용히 머물러 계십시오.

　금욕 생활 등의 이 모든 것은 간접적인 방법들입니다. 왜 나 지식이란 직접적인 방법을 채택하지 않습니까?

　삿뜨바로서 묘사되었던 것은 삿뜨바 자체에 의해서 버려져야 합니다. 다시 말해, 삿뜨바로부터의 완전한 자유나, 혹은 삿뜨바에 대한 무집착에 의해서 버려져야 합니다.

　오, 왕이시여! 삼계에서 일어나는 모든 슬픔은 오로지 마음의 갈망 때문에 일어납니다.

만약 당신이 생각의 움직임과 정지, 둘 다를 다르지 않은 것으로 다루는 그 균형 상태에 자리를 잡고 있다면, 당신은 영원 속에 안주하게 될 것입니다.

오직 하나의 무한한 의식만이 존재합니다. 순수한 의식인 그 브람만이 삿뜨바입니다. 무지한 사람은 그것을 세상으로 봅니다.

그 무한한 의식 속에서, 움직임이 없는 정지는 물론 움직임(흔들림)도 단지 바라보는 사람의 마음속에서 일어나는 생각일 뿐입니다.

그러므로 무한한 의식의 전체는 그러한 생각이 없는 이 모든 것입니다. 그것의 실재는 말로 표현하기 불가능합니다.

이렇게 말을 한 뒤, 젊은 고행자(쭈달라)는 왕이 숭배의 표시로 꽃을 바치려 하는 바로 그 사이에 시야에서 사라졌습니다.

　젊은 고행자(쭈달라)의 말을 곰곰이 되새기면서, 쉬끼드바자는 모든 욕망과 갈망에서 완전히 벗어나, 조건화가 없는 심리 상태에 확고히 자리를 잡은 채 깊은 명상에 들어갔습니다.

　이와 같이 쉬끼드바자가 최소한의 정신적인 조건화나 의식의 움직임에서 완전히 벗어나 깊은 명상에 잠겨 있는 동안, 쭈달라는 그녀의 변장을 버리고 왕궁으로 돌아가 다시 본래의 여성의 모습으로 국정을 수행했습니다.

　사흘 뒤에 그녀는 다시 쉬끼드바자가 있는 곳으로 가서, 아직도 그가 명상에 열중해 있는 것을 보고 기뻐했습니다. 그녀는 다음과 같이 생각했습니다.

　'내가 다시 그의 의식을 이 세상으로 돌아오게 해야

겠어. 그가 지금 몸을 버려야 할 이유가 없지. 그로 하여금 당분간 왕국을 통치하게 한 다음, 우리 둘이 동시에 몸을 버리면 될 거야.

분명히 그는 내가 말해 준 가르침을 잊지 않을 거야. 요가의 수련을 통해 그가 방심하지 않고 늘 깨어 있도록 해야겠어.'

그녀는 거듭해서 사자처럼 포효했습니다. 그럼에도 불구하고 그는 여전히 눈을 뜨지 않았습니다. 그녀는 그의 몸을 아래로 밀어 보았습니다. 하지만 그는 계속 나에 몰두해 있었습니다.

'아, 그가 완전히 나에 들어 있구나. 어떻게 하면 그가 몸을 의식하는 상태로 돌릴 수 있을까? 다른 한편으로 생각해 보면, 왜 내가 그렇게 해야 하는 것이지?

차라리 그가 몸을 버린 상태 그대로 놔두고, 나도

지금 당장 이 몸을 버리면 되지.'라고 그녀는 생각했습니다.

그녀가 자신의 몸을 버릴 준비를 하고 있는 동안, 그녀는 다시 '내 몸을 버리기 전에 그의 몸 속 어딘가에 마음의 씨앗(바사나)이 남아 있는지 봐야겠다.

만약 남아 있다면, 그는 다시 깨어날 수 있고, 그러면 우리 두 사람은 해방된 사람으로 살아갈 수 있을 것이다.

남아 있는 게 하나도 없어서 그가 궁극적인 해방에 이르렀다면, 나도 이 몸을 버리겠다.'라고 생각했습니다.

그녀는 그의 몸을 살펴보고, 개별성의 씨앗이 여전히 그에게 남아 있음을 알았습니다.

제자

신이시여! 현자의 몸이 통나무처럼 있을 때, 그에게 삿뜨바(정화된 마음)의 흔적이 여전히 남아 있는지를 어떻게 알 수 있습니까?

스승

보이지 않는 미묘한 그의 가슴속에는 몸 의식을 되살리는 삿뜨바의 흔적이 있습니다. 그것은 씨앗 속에 잠재해 있는 꽃이나 열매와 같습니다.

마음에 생각의 움직임이 전혀 없고, 이원성이나 일원성에 대한 최소한의 개념도 없으며, 의식이 산과 같이 아주 견고하고 흔들리지 않는 그런 현자의 경우에는 몸이 완벽한 균형의 상태에 있으며, 고통이나 쾌락의 징후도 보이지 않습니다.

말하자면, 그 몸은 일어서거나 쓰러지지(살거나 죽지)도 않으며, 자연과 완벽한 조화를 이루게 됩니다.

그 몸이 마음처럼 변화를 겪게 되는 것은 오직 이원성이나 일원성에 대한 개념이 있을 때뿐입니다.

이 세상으로서 모습을 드러내는 것은 생각의 움직임입니다. 그 때문에 마음은 이와 같이 억제할 수 없는 쾌락, 노여움 그리고 망상을 경험합니다.

그러나 마음이 균형 속에 확고히 자리를 잡고 있으면, 그러한 혼란은 일어나지 않습니다. 그는 순수한 공간과 같습니다.

삿뜨바가 완전한 균형 상태에 이르면, 우리는 어떤 신체적, 심리적인 결함도 경험하지 못합니다. 삿뜨바를 버리는 것은 불가능합니다.

그것은 시간이 흘러 적당한 때가 되면 사라집니다.

마음도 없고, 심지어 몸 속에 삿뜨바도 없으면, 열을 받아 녹아 없어지는 눈처럼 몸도 여러 원소들로 녹아 없어집니다.

쉬끼드바자의 몸에도 마음(생각의 움직임)이 완전히 사라졌지만, 삿뜨바의 흔적은 남아 있었습니다. 그러므로 그 몸은 이처럼 여러 원소들로 용해되어 사라지지 않았습니다.

이것을 알아차리고, 쭈달라는 '내가 편재하고 있는 순수한 지성 안으로 들어가서, 그의 몸 의식을 일깨워 봐야겠다.

만약 내가 그렇게 하지 못한다면, 그가 얼마 후에 깨어날 것이 분명해. 그러나 그때까지 내가 혼자 가만히 기다릴 필요가 뭐 있어?'라고 결심했습니다.

그러므로 바로 쭈달라는 그녀의 몸을 떠나 쉬끼드바자의 순수한 마음(삿뜨바)속으로 들어갔습니다.

그녀는 그 순수한 마음을 흔들어 놓고는 재빨리 그녀의 몸으로 다시 들어왔습니다. 그리고 그녀는 즉시 자신의 몸을 젊은 고행자의 몸으로 바꾸어 놓았습니다. 그는 부드럽게 사마 베다의 찬가를 부르기 시작했습니다.

이 찬가를 들으면서 왕은 그의 몸 의식으로 돌아왔습니다. 그는 자기 앞에 서 있는 젊은 고행자(쭈달라)를 다시 한 번 보았습니다. 왕은 기뻤습니다. 그는 젊은 고행자(쭈달라)에게

"오, 신이시여! 다행히 우리는 당신의 의식 속에서 다시 한 번 일어났습니다. 그리고 당신은 단지 나에게 축복을 흠뻑 내려 주시기 위하여 여기로 오셨군요."라고 말했습니다.

젊은 고행자(쭈달라)

내가 당신을 떠나간 이후로, 내 마음(가슴)은 줄곧 당신과 함께 여기에 있었습니다. 천국에 가고 싶은 욕망도 없으며, 단지 당신 곁에 있고 싶을 뿐입니다. 나에게는 이 세상에 친척도, 친구도, 믿을 만한 사람도, 당신과 같은 제자도 없습니다.

쉬끼드바자

비록 당신이 완전한 깨달음을 얻고 집착에서 벗어났지만, 당신이 나와 함께 있고 싶어 하니, 난 최고로 축복받은 사람이라 여겨집니다. 제발 여기 이 숲 속에서 나와 함께 머물러 주십시오.

젊은 고행자(쭈달라)

당신이 잠시라도 지고의 상태에 안주해 있었는지를

말씀해주십시오. 당신은 '이것은 다르다.'든가 '이것은 불행이야.' 등과 같은 개념들을 버렸습니까? 쾌락에 대한 갈망도 사라졌습니까?

쉬끼드바자

당신의 은총으로 나는 삼사라(현상계)의 피안에 다다랐습니다. 나는 반드시 얻어야 할 것을 얻었습니다. 나 이외에는 아무것도 없습니다.

다시 말해, 알려진 것도 없고, 알아야(몰라야) 할 것도 없으며, 성취한 것도 없고, 버릴 것과 버려야 할 것도 없으며, 실체도 없고, 타자도 없으며, 또한 삿뜨바(순수한 마음)마저 없습니다.

무한한 공간처럼, 나는 아무 조건화가 없는 상태에 머물고 있습니다.

그곳에서 한 시간을 보낸 뒤에, 왕과 젊은 고행자는 숲 속으로 들어갔고, 거기서 그들은 8일 동안 자유롭게 떠돌아다녔습니다. 젊은 고행자는 다른 숲으로 가자고 제안했고, 왕은 동의했습니다.

그들은 정상적인 삶의 규칙들을 준수했고, 조상들과 신들의 마음을 풀어 주기 위하여 적절한 종교 의식들을 거행하기도 했습니다.

그들의 가슴속에서는 더 이상 '이건 우리의 집이야.'나 '이건 우리 집이 아니야.'와 같은 그릇된 개념들이 일어나지 않았습니다.

때로는 호화로운 옷을 입고 다녔고, 때로는 누더기를 걸치고 다니기도 했습니다. 때로는 백단향의 성유를 바르고 다니기도 했으며, 때로는 재를 바르고 다니기도 했습니다. 며칠 뒤에, 왕도 또한 젊은 고행자(쭈달라)와 같은 광채로 빛이 났습니다.

왕의 광채를 보고서, 젊은 고행자(쭈달라)는 다음과 같이 생각했습니다. '고귀하고 건장한 내 남편이 여기 있구나. 숲도 즐거워하네. 우리는 피로를 모르는 상태에 있지.

그러면 쾌락에 대한 욕망이 어떻게 가슴속에서 일어나지 않겠는가? 해방된 현자라면, 요청하지 않았는데도 그에게 찾아오는 것이 있으면, 그 모든 것을 반가이 맞이하며 경험하지.

그런데 만약 그가 관습(엄격한 규칙)에 얽매여 있다면, 그것은 어리석음(무지)의 원인이 되지. 두 사람이 꽃동산에 둘러싸여 살아가면서, 가까이에 있는 자신의 고귀하고 건장한 남편을 보고 열정이 일어나지 않는다면, 그 여성은 죽은 거나 마찬가지야.

진리를 아는 사람이나 나 지식을 갖춘 현자라면, 애쓰지 않고 얻어지는 것을 버림으로써 얻어지는 게 무엇이 있을까?

나는 내 남편이 나와 함께 부부의 쾌락을 누릴 수 있도록 해야겠어.' 이렇게 결심을 하고서, 젊은 고행자 (쭈달라)는 쉬끼드바자에게 말했습니다.

"오늘은 내가 천국에 가서 나의 아버님을 만나 뵐 경사스러운 날입니다. 떠나도록 허락해 주십시오. 그러면 오늘 저녁에 돌아오겠습니다."

두 친구는 꽃을 주고받았습니다. 젊은 고행자는 떠났습니다. 곧 쭈달라는 변장을 풀고, 왕궁으로 돌아가 왕의 임무를 수행했습니다. 그녀는 다시 젊은 고행자로 변장하여, 쉬끼드바자가 있는 곳으로 돌아갔습니다.

젊은 고행자의 얼굴 표정에 나타난 변화를 알아차리고, 왕은 "오, 신의 아들이여! 왜 당신은 그렇게 슬퍼

보입니까? 거룩한 분들은 어떠한 외부의 영향에도 그들의 균형을 깨뜨리지 않는 법인데요."라고 물었습니다.

비록 마음의 균형을 유지하고 있다 하더라도 몸이 살아 있는 한, 만약 그들이 그들의 몸의 기관을 자연스럽게 작용하도록 허용하지 않는다면, 그들은 완고한 고집불통의 사람들일 것입니다.

참깨가 있는 한, 참기름은 있는 것입니다. 몸이 있는 한, 여러 상이한 기분들도 있는 법입니다.

몸이 자연스럽게 따라가는 그 상태에 반항하는 사람이 있다면, 그는 검으로 공간을 자르는 꼴입니다.

요가의 균형은 마음을 위한 것이지, 행위의 기관들

187

이나 그들의 상태들을 위한 것이 아닙니다.

몸이 존속하는 한, 비록 지성과 감각은 균형 상태에 머물고 있다 하더라도, 행위의 기관들은 그것들의 고유 기능을 하도록 허용해야 하는 것입니다.

그러한 것이 자연의 법칙이고, 그 자연의 법칙은 신들도 따르는 것입니다.

오, 왕이시여! 이제 나에게 어떤 불행이 일어났는지 제발 들어 주십시오. 왜냐하면 친구에게 자신의 불행을 털어놓으면 마치 음산하고 어두운 구름이 비를 뿌림으로써 엷어지는 것처럼, 그 불행도 크게 개선되기 때문입니다.

물에다 명반 한 조각을 넣으면 물이 깨끗해지는 것처럼, 친구가 자신의 운명에 귀를 기울이면 마음 또한 깨끗하고 평화로워집니다.

나는 당신을 떠난 뒤, 천국에 가서 나의 임무들을 행했습니다. 저녁이 다가오자 나는 천국을 떠나 당신에게로 돌아왔습니다.

도중에 나는 저녁 예배에 늦지 않게 급히 서둘러 공간 속을 날아가는 두르바사 현자를 보았습니다. 말하자면, 그는 어두운 구름의 옷을 입고 번개로 장식하고 있었습니다.

이 때문에 그는 애인을 급히 만나러 가는 여자처럼 보였습니다. 나는 그에게 인사하며 재미삼아 그렇게 말했지요.

그런데 그는 나의 무례함에 격분한 나머지, "이러한 건방진 언행으로, 그대는 매일 밤마다 여자가 될 것이니라."라고 저주를 했습니다.

나는 매일 밤 여자가 될 것이라는 생각만 해도 슬픔

니다. 욕망에 쉽게 넘어가는 신의 아들들이 이와 같이 거룩한 현자들을 모욕하는 결과를 받는 것은 정말로 비극입니다.

그러나 왜 내가 슬퍼해야 합니까? 왜냐하면 이것은 나의 진정한 나에 영향을 주지 않기 때문입니다.

쉬끼드바자

오, 신의 아들이여! 슬퍼해 봐야 무슨 소용이 있겠습니까? 어떤 일이 일어날지라도 그대로 놔두십시오.

왜냐하면 나는 몸의 운명에 영향을 받지 않기 때문입니다.

사람에게 할당되는 기쁨이나 슬픔이 무엇이든 간에, 그것은 몸에 영향을 주는 것이지, 그 내면의 거주자에게는 영향을 주지 않습니다.

당신마저 슬픔에 굴복한다면, 하물며 무지한 사람들은 어떠하겠습니까? 혹은, 당신이 불행한 사건을 이야기하는 동안, 아마도 당신은 적합한 말과 표현을 단순히 이용하고 있는지도 모르지요!

스승

이와 같이 그들은 서로를 위로했습니다. 왜냐하면 그들은 이제 서로 떼어놓을 수 없는 친구였기 때문입니다. 해는 이미 서산으로 넘어갔고, 밤의 어둠이 서서히 땅을 내리덮고 있었습니다. 그들은 저녁 예배를 올렸습니다.

곧 젊은 고행자의 몸이 서서히 소름끼치는 변화를 보이기 시작했습니다. 그는 눈물을 참으며, 목이 멘목소리로 쉬끼드바자에게 다음과 같이 말했습니다.

"아, 보십시오. 내 몸이 녹아 땅 위로 흘러내리는

191

느낌이 들어요. 내 가슴에서 유방이 솟아나고 있어요.
나의 골격 구조도 여자에게 어울리는 변화를 하고 있
어요.

보십시오, 여자에게 적합한 옷과 장신구가 바로 몸
에서 생겨나고 있어요. 오! 어떻게 하면 좋아요? 나의
수치심을 어떻게 숨기지요? 내가 정말로 여자가 되었
으니까요."

쉬끼드바자

"거룩한 분이시여! 당신은 알아야 할 것을 알고 있
습니다. 필연적인 것을 두고 슬퍼하지 마십시오.

사람의 운명은 오로지 몸에만 영향을 주는 것이지,
영혼에게는 영향을 주지 않습니다."

젊은 고행자(쭈달라)

"당신의 말씀이 맞습니다. 나는 이제 어떤 슬픔도 느끼지 않습니다. 누가 감히 이 세상의 이치나 자연의 이치를 무시할 수 있겠어요?"

이와 같이 대화를 나누면서, 그들은 침실로 가서 같은 침대에서 잠을 잤습니다. 따라서 쭈달라는 낮에는 수행하는 젊은 남자로서, 그리고 밤에는 여자로서 그녀의 남편과 함께 살았습니다.

이렇게 며칠간을 사이좋게 지낸 뒤에, 쭈달라는 쉬끼드바자에게 다음과 같이 말했습니다.

"오, 왕이시여! 나의 부탁에 귀를 기울여 주십시오. 나는 이제 얼마 동안 밤에는 여자로서 지냈습니다. 나는 밤에 여자의 역할을 다하고 싶습니다.

나는 훌륭한 남편의 아내로서 살아야 한다는 느낌이 듭니다. 삼계에는 당신만큼 나에게 소중한 분이 아무도 없습니다.

그러므로 나는 당신과 결혼하여 당신과 부부의 즐
거움을 함께 누리고 싶습니다. 이것은 자연스럽고 즐
거운 것이며, 가능한 일입니다. 그렇게 하는 데 어떤
흠이 있겠습니까?

우리는 욕망과 거절을 모두 버렸으며, 서로가 완
전히 똑같은 비전을 가지고 있습니다. 그러므로 어떤
욕망이나 혐오도 없이, 자연스러운 것을 하도록 합시
다."

쉬끼드바자

"오, 친구여! 나는 이런 것을 함에 있어 어떤 선이
나 악도 볼 수 없습니다. 그러므로 오, 현명한 분이시
여! 그대가 하고 싶은 것을 하십시오.

마음이 완벽한 균형을 유지하고 있기 때문에, 내가 어디에서든지 볼 수 있는 것은 오로지 나뿐입니다. 그러므로 당신이 하고 싶은 대로 하십시오."

젊은 고행자(쭈달라)

"오, 왕이시여! 당신이 그렇게 느끼신다면, 바로 오늘이 가장 경사스러운 날입니다. 모든 천체들이 우리 결혼의 증인이 될 것입니다."

그리고 나서 그들 두 사람은 결혼식에 필요한 모든 품목들을 모았습니다. 그들은 신성한 의식에 앞서 신성한 물로 서로 몸을 씻었습니다. 그들은 조상과 신에게 숭배를 올렸습니다.

이 무렵, 밤이 찾아왔습니다. 그는 다시 사랑스러운 여자로 몸을 바꾸었습니다. '그'는 왕에게 이렇게 말했습니다.

"오, 소중한 친구여! 이제 나는 여자가 되었습니다. 나의 이름은 마다니까입니다. 당신에게 경의를 표합니다. 나는 당신의 아내입니다."

그러자 쉬끼드바자는 화환과 꽃과 보석으로 마다니까를 장식해 주었습니다. 왕은 그녀의 아름다움을 흠모하면서,

"오, 마다니까여! 당신은 여신 락슈미처럼 빛이 납니다. 우리가 태양과 그림자처럼, 락슈미와 나라야나처럼, 쉬바와 빠르바띠처럼 함께 살 수 있도록 축복을 내려 주십시오. 우리에게 행운의 축복을 내려 주소서!"라고 말했습니다.

두 사람은 직접 신성한 불을 보살피면서, 엄격하게 경전의 지시들에 따라 결혼식을 올렸습니다. 제단은 꽃이 피어 있는 덩굴식물과 보석들로 장식되었습니다.

제단의 네 모서리는 야자열매로 장식이 되었고, 강가의 성수가 가득 든 여러 항아리들도 있었습니다. 그 중앙에는 신성한 불이 있었습니다. 그들은 불 주위를 돌면서 그에 어울리는 신성한 찬가와 함께 규정된 봉헌물들을 거기에 바쳤습니다.

바로 이렇게 하고 있는 사이에도 왕은 자주 마다니까의 손을 잡았으며, 이는 그가 그녀를 얼마나 좋아하는지, 그리고 그 결혼식에서 그의 기쁨이 얼마나 큰지를 보여 주었습니다.

그 다음 그들은 세 번 신성한 불 주위를 돌아 걸으면서, 라자 호마라는 것을 올렸습니다. 그러고 나서 그들은 신부의 방인 이 행사를 위해 특별히 마련된 동굴로 물러갔습니다.

달은 서늘한 빛을 쏟아 붓고 있었습니다. 신부의 침대는 향기로운 꽃으로 만들어졌습니다. 그들은 이 침

197

대로 올라가서 그들의 결혼식을 마무리지었습니다.

해가 떠오르자, 마다니까는 다시 젊은 고행자가 되었습니다. 이와 같이 이들 부부는 낮에는 친구로서, 밤에는 남편과 아내로서 살았습니다.

어느 날 밤 쉬끼드바자가 잠든 사이, 그녀는 몰래 침실을 빠져나와 궁중으로 가서 왕실의 임무를 보고, 다시 재빨리 왕의 침대 곁으로 돌아왔습니다.

한 달 동안 그들은 마헨드라 산의 동굴 속에 살았습니다. 그러고 나서 그들은 여러 숲 속을 떠돌며, 산허리를 전전해 다녔습니다.

얼마 동안 그들은 마이나까 산의 남쪽 사면에 있는, 빠리자따 숲으로 알려진 신들의 동산에서 살았습니다. 그들은 또한 꾸루 지역과 꼬살라 지역도 떠돌아다녔습니다.

이런 식으로 여러 달을 즐겁게 지낸 뒤에, 쭈달라 (젊은 고행자로 변장한)는 '나는 왕의 앞에다 천국의 쾌락과 기쁨을 가져다 놓고 왕의 성숙함을 시험해 봐야겠다.

만약 그가 그것들을 보고도 영향을 받지 않는다면, 다시는 쾌락을 추구하지 않을 것이 분명하다.'라고 생각했습니다.

이렇게 결심한 뒤에, 쭈달라는 그녀의 마력으로 쉬끼드바자 왕의 바로 앞에다 신들의 왕인 인드라 신이 천인들과 함께 있는 환영을 만들어 왕이 보게 했습니다.

그들이 갑자기 나타났음에도 왕은 전혀 동요되지 않고, 그들에게 마땅히 표해야 할 숭배를 올렸습니다. 그 다음 그는 인드라에게

"당신이 수고스럽게도 오늘 여기까지 찾아 주시다니, 내가 이런 대접을 받을 만한 일을 한 것이 무엇이 있는지 부디 말씀해 주십시오." 라고 물었습니다.

인드라

"거룩한 분이시여! 우리는 우리 자신도 모르게 당신의 현존에 이끌리어 여기까지 오게 되었습니다. 우리는 당신의 영광이 천국에서 칭송되는 것을 들어왔습니다.

자! 천국으로 오십시오. 천인들은 그대의 위대함을 들어왔기 때문에, 그들은 그대를 무척 보고 싶어 합니다.

완벽한 경지에 도달한 현자들과 꼭 같이, 공간을 가로질러 그대를 천국에 오게 해 줄 수 있는 이 천국의 표를 부디 받아 주십시오.

오, 현자여! 그대처럼 해방된 사람들은 청하지 않았는데도 찾아오는 행복을 거절하지 않는다는 것이 분명합니다. 그대의 방문으로 천국을 정화시켜 주십시오."

쉬끼드바자

"오, 인드라여! 나는 천국에 널리 퍼져 있는 조건들을 알고 있습니다. 그러나 나에게는 천국이 모든 곳에 있으며, 또한 어느 곳에 있는 것이 아닙니다.

나에게는 욕망이 없기 때문에, 나는 어디에 있든지 행복합니다. 그러나 나는 당신이 설명하는 한 장소에만 국한된 그런 종류의 천국에는 갈 수 없습니다. 그러므로 나는 당신의 분부를 이행할 수 없습니다."

인드라

그러나 나는 해방된 현자들이 그들에게 주어진 쾌

락을 경험하는 것이 옳다고 생각합니다.

쉬끼드바자는 침묵을 지켰습니다. 인드라는 떠날
준비를 하고 있었습니다.

쉬끼드바자

나는 지금은 갈 수 없습니다. 왜냐하면 지금은 그때
가 아니기 때문입니다.

왕과 젊은 고행자에게 축복을 내린 뒤에, 인드라와
그의 모든 수행원들은 사라졌습니다.

스승

쭈달라는 그 마술의 환영을 거두어들인 뒤에, 혼잣
말로 중얼거렸습니다. '다행히 왕은 쾌락의 유혹에도
끌리지 않는구나. 인드라가 그를 찾아와 천국으로 초

대한 바로 그때도, 왕은 아무 영향을 받지 않은 채 공간처럼 순수하게 남아 있었지.

이제 나는 그가 애착과 혐오라는 두 가지 세력에 흔들리는지를 알아보기 위하여 그에게 또 하나의 시험을 받아 보게 해야겠구나.'

바로 그날 밤, 쭈달라는 마술의 힘으로 즐거운 쾌락의 정원과 그 안에 특별히 아름다운 침대 하나를 만들었습니다.

그녀는 심지어 쉬끼드바자보다 신체적으로 더 매력적인 젊은 남자를 한 명 만들었습니다. 바로 그 침대 위에서 그녀는 아주 진한 포옹을 하며, 그녀의 애인과 앉아 있는 것처럼 보였습니다.

쉬끼드바자는 그날 저녁의 기도를 끝마치고, 아내 마다니까를 찾았습니다. 얼마 동안 찾다가, 이윽고 그는 이 두 사람의 비밀 은신처를 발견했습니다. 그는 그들이 사랑놀이에 완전히 빠져 있는 것을 보았습니다.

그녀의 머리카락이 그를 휘감고 있었습니다. 그녀는 두 손으로 그의 얼굴을 잡고 있었습니다. 그들의 두 입은 열렬한 키스로 서로 붙어 있었습니다. 그들은 분명히 서로에 대한 정열적인 사랑으로 매우 흥분되어 있었습니다.

그들이 사지를 움직일 때마다 그들은 서로에 대한 극도의 사랑을 표현했습니다. 그들의 얼굴에는 그들 가슴의 희열이 춤을 추고 있었습니다. 한 사람의 가슴이 상대의 가슴을 두드리고 있었습니다. 그들은 주위 환경을 완전히 잊어버렸습니다.

쉬끼드바자는 이 모든 것을 보았지만 전혀 감동을 받지 않았습니다. 그는 그들을 방해하고 싶지 않아 돌아서 갔습니다. 그러나 그가 있다는 것이 두 사람에게

목격되고 말았습니다.

　그는 그들에게 "제발 내가 그대들의 행복을 방해하지 않게 해 주십시오."라고 말했습니다.

　잠시 후에 마다니까는 그 정원에서 나와서, 자신의 행동에 수치심을 느끼면서 쉬끼드바자를 만났습니다. 그러나 왕은

　"여보! 왜 이렇게 빨리 나오셨어요? 분명히, 모든 인간은 행복을 즐기기 위하여 살아가는 것이지요. 그리고 그토록 조화를 이룬 두 사람을 이 세상에서 찾기란 어려운 일입니다.

　나는 이 때문에 마음이 동요되지 않습니다. 왜냐하면 나는 이 세상에서 사람들이 무엇을 아주 대단히 좋아하는지를 잘 알고 있기 때문입니다. 당신과 나는 아주 좋은 친구이지만, 마다니까는 단지 두르바사가 내

린 저주의 결과가 아니겠어요?"

마다니까

오, 신이시여! 그러한 것이 여자의 본성입니다. 그들은 정절이 흔들리기도 합니다. 그들은 남자보다 여덟 배나 정열적입니다. 그들은 약합니다. 그래서 그들은 마음에 드는 사람 앞에서 성욕을 억제할 수 없습니다. 그러므로 저를 용서해 주시고, 화내지 마십시오.

쉬끼드바자

여보! 나는 당신에게 전혀 화내지 않아요. 그러나 지금부터 내가 당신을 나의 아내로서가 아닌 나의 좋은 친구로서 대하는 것이 적절하겠습니다.

쭈달라는 왕의 그러한 태도에 기뻐했습니다. 왜냐하면 그것은 결론적으로 그가 성욕과 분노를 초월해 있음을 증명했기 때문입니다. 그녀는 즉시 마다니까로서의 이전 모습을 버리고, 쭈달라로서의 원래 모습으로 되돌아왔습니다.

쉬끼드바자

오, 사랑스러운 부인이여! 당신은 누구십니까? 어떻게 여기로 오셨습니까? 여기에는 얼마나 오래 계셨습니까? 당신은 나의 아내와 너무 많이 닮으셨습니다.

쭈달라

정말로, 내가 쭈달라입니다. 나는 당신의 영혼을 일깨워 주기 위하여 젊은 고행자 등 여러 모습들로 변장했던 것입니다. 나는 또한 당신이 방금 보았던 정원 등을 갖춘 이 작은 환영의 세상을 직접 꾸며냈습니다.

당신이 어리석게 왕국을 버리고 금욕 생활을 하기

위해 이곳으로 온 바로 그날부터, 나는 당신의 영적인 깨달음을 위해 노력을 기울여 왔습니다.

젊은 고행자의 형상을 취하면서 당신에게 가르침을 준 사람은 바로 나입니다. 당신이 젊은 고행자와 여러 사람들을 지각했던 그 형상들은 진짜가 아닙니다. 이제 당신은 완전히 깨달음을 얻었습니다. 그리고 당신은 알아야 할 모든 것을 다 알고 있습니다.

스승

쉬끼드바자는 깊은 명상에 들어갔습니다. 그리고 그는 내면에서 그가 왕궁을 떠난 때부터 일어난 모든 일을 보았습니다. 그는 기뻤으며, 아내에 대한 애정도 크게 증가했습니다.

다시 몸의 의식으로 되돌아온 뒤에, 그는 설명하기 불가능할 정도의 열정으로 쭈달라를 포옹했습니다.

그들의 가슴이 서로에 대한 사랑으로 넘쳐흐르는 가운데, 그들은 마치 초월의식 상태에 빠져 있기라도 하듯이 한동안 그대로 있었습니다.

쉬끼드바자

아! 넥타보다 더 달콤한 사랑스러운 아내의 애정이 얼마나 감미로운가! 당신은 나를 위하여 얼마나 많은 불편과 고통을 감수했는가! 당신이 나를 이 무서운 무지의 바다에서 구원해 준 방법은 그 어디에도 비교할 수 없습니다.

전해져 내려오는 이야기 속에는 칭찬할 만한 훌륭한 아내였던 위대한 여성들이 다수 있었지만, 그들도 당신에 비교하면 아무것도 아닙니다.

당신은 모든 미덕과 고귀한 자질에서 그들 모두를 능가합니다. 당신은 열심히 노력하여, 나의 깨달음을

가져오게 했습니다. 내가 당신에게 이에 대한 보상을
어떻게 할 수 있겠습니까?

진실로, 사랑하는 아내들은 이와 같이 자신의 남편
들을 이 삼사라의 바다로부터 해방시키려고 애씁니
다. 이런 점에 있어서 그들은 심지어 경전이나 구루와
만뜨라까지도 해낼 수 없었던 것을 남편에 대한 사랑
때문에 성취 할 수 있습니다.

아내는 남편에게 모든 것입니다. 말하자면, 친구이
고, 누나이며, 지지자이고, 하인이며, 구루이고, 동반
자이며, 부와 행복이고, 경전과 거처(그릇)이며, 또한
노예입니다. 그러므로 그러한 아내는 언제나 어떤 방
식으로든 존경과 숭배를 받아야 합니다.

나의 사랑하는 쭈달라여! 당신은 정말로 이 세상에
서 여성 중의 최고의 여성입니다. 자, 다시 나를 안아
주세요.

그렇게 말한 뒤, 쉬끼드바자는 다시 사랑스럽고도 열렬하게 쭈달라를 포옹했습니다.

쭈달라

여보! 당신이 무의미한 고행을 하고 있는 것을 내가 보았을 때, 내 가슴은 대단히 아팠습니다. 그러나 내가 여기로 와서 당신을 일깨워 주려고 노력함으로써 나는 그 고통을 덜었습니다. 그렇게 한 것은 정말로 나의 기쁨과 즐거움을 위한 것이었습니다. 나는 거기에 대한 어떤 칭찬도 받을 가치가 없습니다.

쉬끼드바자

지금부터 모든 아내들이 당신처럼 그들 남편의 영혼을 일깨워 줌으로써 그들 자신의 이기적인 목적을 실현하기를!

쭈달라

나는 이제 당신에게서 여러 해 전에 당신을 괴롭혔던 하찮은 갈망들이나 생각들이나 느낌들을 볼 수 없습니다. 이제 당신의 본질은 무엇이며, 당신이 무엇에 자리를 잡고 있으며, 지금 당신이 보는 것은 무엇인지를 부디 말씀해 주십시오.

쉬끼드바자

여보! 나는 당신이 나의 내면에 가져오게 한 그것에 조용히 머물러 있습니다. 나에게는 어떤 애착도 없습니다. 나는 분할할 수 없는 무한한 공간과 같습니다.

나는 평화입니다. 나는 비슈누나 쉬바 같은 신들조차 도달하기 어려운 그 상태에 도달했습니다. 나에게는 혼란과 망상이 없습니다. 나는 슬픔이나 기쁨도 경험하지 않습니다. 나는 '이것이 있다.', '다른 것이 있다.'라고 말할 수 없습니다.

나는 모든 덮개들을 제거하고 내면의 행복을 즐기고 있습니다. 내 존재의 본질은 지금 있는 그대로의 나입니다. 말로 옮기기는 어렵습니다.

여보! 당신은 나의 구루입니다. 나는 당신에게 경의를 표합니다. 사랑하는 여보! 나는 당신의 은총으로 이 삼사라의 바다를 건넜습니다. 나는 다시는 그릇된 생각에 빠지지 않을 것입니다.

쭈달라

그렇다면 당신은 지금 무엇을 하고 싶습니까?

쉬끼드바자

나는 어떤 금지 사항이나 지시 사항도 모릅니다. 당신이 무슨 일을 하든지 간에, 나는 그것이 적절하다고 알 것입니다. 당신이 적절하다고 생각하는 것을 하십시오. 그러면 나는 당신을 따라가겠습니다.

쭈달라

여보! 우리는 이제 해방된 사람들의 상태에 자리 잡고 있습니다. 우리에게 욕망과 그 반대의 것은 모두 똑같습니다. 쁘라나의 단련이나 무한한 의식의 수행이 무슨 소용이 있겠습니까?

그러므로 우리는 처음과 중간과 끝에서 우리의 성품 그대로 있어야 합니다. 그리고 우리는 이후에도 여전히 남아 있는 한 가지를 버려야 합니다. 우리는 처음과 중간과 끝에서도 왕과 왕비입니다.

버려야 할 그 한 가지는 바로 망상입니다. 그러므로

이제 왕국으로 돌아가서, 그 왕국을 현명한 통치자에게 넘겨줍시다.

쉬끼드바자

그렇다면, 우리는 왜 천국에 오라는 인드라의 초대를 수락해서는 안 됩니까?

쭈달라

"오, 왕이시여! 나는 쾌락도 바라지 않고, 또한 왕국의 멋진 모험도 바라지 않습니다. 나는 나의 성품 자체에 따라 내가 처하게 되는 모든 상황에 그대로 있습니다.

'이것이 쾌락이다.'라는 생각이 '이것은 쾌락이 아니다.'라는 생각과 마주치면, 그들 둘은 모두 사라집니다. 나는 이보다 더 오래 존속하는 그 평화 속에 계속 머물러 있습니다."

그 다음 해방된 두 사람은 부부의 기쁨을 즐기면서 그날 밤을 보냈습니다.

스승

동이 트자, 부부는 잠자리에서 일어나 아침 기도를 올렸습니다. 쭈달라는 생각의 힘으로 일곱 바다의 신성한 물을 담고 있는 황금 그릇을 만들었습니다. 이 성수로 그녀는 왕을 씻어 주고, 그를 황제의 자리에 앉혀 주었습니다.

그녀는 "당신은 이 우주를 보호하는 여덟 명의 신성한 수호신이 발하는 광채를 갖추소서."라고 기원했습니다.

왕은 다시 쭈달라를 그의 왕비의 자리에 앉혔습니

다. 그는 그녀에게 그녀의 생각의 힘으로 군대를 만들어 달라고 제안했습니다. 그녀는 그렇게 했습니다.

가장 위풍당당한 코끼리를 탄 왕과 왕비를 선두로 하여, 전 군대가 그들의 왕국으로 진군해 갔습니다. 가는 도중에 쉬끼드바자는 그의 고행 생활과 관련된 여러 장소들을 쭈달라에게 손으로 가리켜 주었습니다. 그들은 곧 그들의 도성 외곽에 당도했고, 거기에서 그들은 시민들로부터 놀랄 만한 환영을 받았습니다.

쭈달라의 도움을 받아 가면서, 쉬끼드바자는 일만 년이란 기간에 걸쳐 그 왕국을 통치했습니다.

그 후 그는 윤회를 통한 어떤 환생도 없는 니르바나 (석유 없는 등불 같은 해방)에 도달했습니다. 그는 왕 중에서도 으뜸가는 왕이었기 때문에 이 세상의 쾌락을 향유하며, 매우 오랜 세월 동안 산 뒤에, 그에게는 오직

217

약간의 삿뜨바 잔류물만 남아 있었기 때문에 그 최고
의 상태에 도달했습니다.

오, 제자여! 그와 꼭 같이, 아무 슬픔도 없이, 자발
적이고도 자연스러운 활동에 종사하십시오.

일어나십시오. 세상의 쾌락을 즐기시고, 또한 궁극
의 해방도 즐기십시오.

나는 이와 같이 그대에게 쉬끼드바자의 이야기를
들려주었습니다. 이 길을 따라 가면, 그대는 결코 슬
퍼하지 않을 것입니다.

쉬끼드바자가 통치했듯이 그대도 통치하십시오.
그대는 이 세상의 쾌락을 향유하고, 또한 궁극의 해방
을 얻을 것입니다.

신들의 스승인 브리하스빠띠의 아들, 까짜도 역시

그러했습니다.

제자

신이시여! 브리하스빠띠의 아들인 까짜가 어떻게 깨달음을 얻었는지 제발 말씀해 주십시오.

스승

쉬끼드바자처럼, 까짜 역시 깨달음을 얻었습니다. 그의 젊은 시절 어느 날, 그는 무척이나 삼사라로부터 해방되고 싶었습니다. 그는 그의 아버지 브리하스빠띠에게 가서 물었습니다.

아들

신이시여! 당신은 모든 것을 알고 있습니다. 부디 이 삼사라의 우리로부터 벗어나는 법을 말씀해 주십시

219

오.

사랑하는 아들아! 삼사라의 이 감옥 같은 집으로부터 해방되는 길은 오직 완전한 포기를 통해서만이 가능하다.

이 말을 듣고, 까짜는 모든 것을 포기하고 숲 속으로 들어갔습니다. 아버지는 이러한 사태의 변화에도 전혀 영향을 받지 않았습니다.

현명한 사람들은 같이 살거나 헤어지는 일로 인하여 조금도 영향을 받지 않습니다. 8년간에 걸친 은둔과 고행 후에, 까짜는 우연히 아버지를 다시 만나 이렇게 물었습니다.

아들

"아버지! 저는 모든 것을 포기한 뒤에 8년 동안이나 고행을 했습니다. 제가 아직도 지고한 평화를 얻지 못한 것은 어째서입니까?"

아버지는 전에 말했던 "모든 것을 포기하라."는 말만 되풀이 하고서 가 버렸습니다.

그것을 하나의 단서로 삼아서, 까짜는 그의 몸을 감싸고 있는 나무껍질조차 버렸습니다.

이렇게 그는 또 3년 동안 고행을 계속했습니다. 다시 그는 아버지를 찾았고, 그에게 경의를 표한 뒤에 다음과 같이 물었습니다.

아들

아버지! 저는 지팡이와 옷 등도 버렸습니다. 그런데도 여전히 저는 나 지식을 얻지 못했습니다.

221

아버지

'모든 것'이라고 말했을 때 그 모든 것은 오직 마음만을 의미하는 것이다. 왜냐하면 마음이 전부이기 때문이다. 마음의 포기야말로 완전한 포기이다.

이렇게 말한 뒤에, 아버지는 시야에서 사라졌습니다. 까짜는 마음을 버릴 수 있도록, 마음을 찾기 위하여 내면을 바라보았습니다.

아무리 열심히 찾아 봐도 그는 마음이라고 할 수 있는 것을 찾을 수 없었습니다.

마음을 찾을 수 없자, 그는 이렇게 생각하기 시작했습니다.

몸과 같은 신체적인 물질은 마음으로 간주될 수 없지. 그렇다면 왜 내가 헛되이 이 무고한 몸을 벌해야 하나?

　나는 다시 아버지에게 가서, 마음이라는 그 무서운 적의 소재를 물어봐야겠구나. 그것을 알면, 나는 그것을 포기하겠다.

아들

　제가 마음을 버릴 수 있도록 부디 마음이 무엇인지를 말씀해 주십시오.

아버지

　마음을 아는 사람들은 마음을 '나'라고 한다. 너의 내부에서 일어나는 자아가 마음이다.

아들

불가능하지는 않지만, 그것은 어렵습니다.

아버지

다른 한편으로 보면, 네 손아귀에 있는 꽃을 뭉개는 것보다 더 쉽고, 너의 두 눈을 감는 것보다도 더 쉽지.

왜냐하면 무지 때문에 존재하는 것처럼 보이는 것은 지식이 시작됨과 동시에 사라지기 때문이다.

사실, 자아란 것은 없다. 그것은 무지와 망상 때문에 존재하는 것처럼 보이는 것이다.

이 자아가 어디에 있나? 그것은 어떻게 일어났는가? 그것은 무엇이냐?

모든 존재들에게는 언제나 오직 하나의 순수한 의식밖에는 없다. 그러므로 이 자아는 말에 불과하다.

아들아! 그것을 포기하라. 그리고 자기 한계나 마음의 조건화를 버려라.

너는 시간이나 공간 등에 의해 결코 제한받지 않는 절대적인 존재이다.

참고한 책들

스와미 벤까떼사난다, 『바시슈타 요가』, 슈리 크리슈나다스 아쉬람, 2003.

Swami Venkatesananda, *Vasistha's Yoga*, State University of New York Press, 1993.

Dr. Ravi Prakash Arya, *Yoga - Vasistha of Valmiki*, Primal Publications, 1998.

깨달음을 얻은

쭈달라의 이야기

초판발행   2023년 2월 15일

지 은 이   바시슈따
옮 긴 이   김병채

펴 낸 이   황정선
출판등록   2003년 7월 7일 제62호
펴 낸 곳   슈리 크리슈나다스 아쉬람
주   소   경상남도 창원시 의창구 북면 신리길 35번길 12-9
대표전화   (055) 299-1399
팩시밀리   (055) 299-1373

전자우편   krishnadass@hanmail.net
카   페   cafe.daum.net/Krishnadas

ISBN 978-89-91596-83-2   (03270)

* 잘못 만들어진 책은 바꾸어 드립니다.